资深猎头

HEADHUNTING

30年职业生涯精进笔记

葛海平 张少岩 ◎著

中国商业出版社

图书在版编目（CIP）数据

资深猎头30年职业生涯精进笔记/葛海平,张少岩著. -- 北京：中国商业出版社,2020.11
ISBN 978-7-5208-1282-5

Ⅰ.①资… Ⅱ.①葛… ②张… Ⅲ.①人力资源管理 Ⅳ.①F243

中国版本图书馆CIP数据核字(2020)第190209号

责任编辑：杨林蔚　佟彤

中国商业出版社出版发行
（100053 北京广安门内报国寺1号）
010-63180647　www.c-cbook.com
新华书店经销
三河市长城印刷有限公司印刷
*
710毫米×1000毫米　16开　14.25印张　200千字
2020年11月第1版　2020年11月第1次印刷
定价：48.00元
****
（如有印装质量问题可更换）

自序 1

我生活在宁波。宁波属于沿海城市，是甬帮商业文化的发源地，甬商的传承精神一直在潜移默化地影响着我和我身边的朋友。我的爷爷是中国现代最早的职业经理人之一。中华人民共和国成立前，他很早就按宁波人的传统，从学校出来就去上海学做生意，并在中国最早的钱庄里做过经理，后来从事木材及烟草贸易，也在上海创办过一家家具厂，叫上海黄河家具厂。中华人民共和国成立后，他把家具厂无偿交给了国家，并留任工厂的供销科长。退休后，他发挥余热，从事古旧家具的贸易，从当时宁波慈溪的逍林收购古旧家具，供给上海电影制片厂，每次来宁波他都会来我家。小时候，我最喜欢做的事情，就是听爷爷讲述过去做生意的经历和甬商的经商故事。

我的父亲在国有大型企业担任人事科长的职务，他是一个非常正直并热心公共事务的公务人员。爷爷和父亲，是我最早的职业启蒙者，也影响了我职业价值观的初步形成。爷爷用言传身教让我传承甬商精神，父亲则用身体力行教会我为人处世的道理。

我生在宁波，长在宁波，工作在宁波。我的主业是从事人力资源管理顾问与高级人才甄选及咨询业务，也兼任职业生涯规划咨询师。在工作中及工作之余，我经常为候选人提供个案咨询与资源帮助。

我很早就参加了工作，按照我父亲的指示，在职高毕业之后，我进入一家国有玻璃厂的机修车间老老实实地锻炼了5年，并且尽职尽责地工作到合同结束的最后一天。

记得我实习报到的第一天，父亲就问我："你愿意一辈子当工人吗？"我说："不愿意。""那你必须提升学历，这是你唯一的出路。"也许，这是作为一个老人事工作者的父亲给即将进入职场的我的第一个职业生涯规划建议。回想至今，我首先要感谢他当初对我的教育与引领。因为他在我的内心播种了一颗奋发的种子。他曾经告诉我的这句话，在多个个案生涯规划咨询中，我送给了无数位渴望成长的人。因为不管是在职场上打拼，还是自主创业，学习都是我们应该终生坚持去做的事情。

我的职场发展经历非常曲折。进入职场后，我做过很多行业，也多次改变过职业定位，直至偶然中找到我想要终身去从事的事业。我的目标是一定要去行业最好的企业，也许这是内心的不安分使然，也许这是家族基因的影响力在发挥作用。丰富的职场经历，给我后面的创业积累了人脉及资源。

我分别在宁波的多个跨行业大型企业集团做过企业管理工作。2000年，我去本地的一家知名文具企业应聘时，得到一位资深人力资源老师的点拨，正是在她的建议下，我才开始从事人力资源管理工作。后来，我一直从事人力资源管理工作，直到2006年才创业从事人才服务及咨询方面的工作。

跟无数创业者一样，我也经历了创业的艰辛，体会到了创业的快乐，更深刻感受到了创业初期现金流突然中断的绝望，还体会过临时关闭企业转而去当打工者的艰难抉择。我在奋斗中从一无所有到小有所成，又从有所得到勇敢清零，人生可谓起起落落。但正是这种特殊的经历，让我在面对无论是职场人士还是职业经理人，抑或是创业转型的咨询者时，都能用切身经历去启发与影响他们。

我发自内心地热爱人力资源管理工作，也愿意以这么多年从职场到创业的过程中所收获的经验、得到的教训来警示和提醒大家。我最大的喜悦就是看到那些咨询者明确职业定位，找到职业发展方向，或者成功转型、成功创业，这让我有了更大的坚持下去的动力，也让我感受到自己存在的价值。

近两年，在宁波人才中心与宁波职业经理人协会职业经理人生涯发展专业委员会的支持下，我基于"遇鉴社群"组建了一个生涯讲师团。这些讲师或者是资深职业经理人，或者是专业人士，或者是成功创业者，他们都很热心，也都具备丰富的职业经历及成功创业经历。他们并不是专业讲师，他们首先是职场人、创业者，是在某一个细分行业领域有自己专业及专长的人，其次才是传道授业者。他们有自己的思想沉淀，也与我志同道合，还非常愿意跟我一起用亲身经历及感悟去影响和帮助身边的人，以及职场上那些渴望转型的朋友；他们每个人都根据自己的独特经历及成功经验，开发出了真正属于自己的有思想输出的分享课程。与此同时，我们还定期在宁波举办公益性职业生涯发展沙龙，讲述每个人的职业发展故事与创业经历。这听起来很有趣，也很诱人，不是吗？

最近两年，我陆续把自己经历过的一些咨询案例总结归纳出来，做了一个叫"遇鉴"的微信公众号和一个叫"海平释才"的头条个人公众号，来进行案例的分享。迄今为止，我已经陆续写了近百篇文章，获得了身边很多朋友的好评。也许我的文笔并不流畅，我的表达也不专业，尤其是文学素养更是有待提高，但我所讲述的都是非常真实的案例，都是发生在我们身边的普通职场人士的改变。在这里，我要感谢他们的宽容与分享之心。

在当今共享经济时代，每一个行业，每一个人都在渴望转型与持续发展。而只有坚持学习、懂得分享的人，才能在如今的职场中获得生命力，拥有在职场中持续发展、持续发光发热的能力。他们知道整合资源的重要性，所以带着开放和包容的心态乐于分享，他们以绵薄的力量贡献于社会，并且得到了社会的认可。

在我14年的创业经历中，能让我坚持到现在，在很大程度上取决于我的家人对我默默的支持与鼓励，无论是当我第一年创业陷入困局时，父亲赞助了创业资金，还是我的爱人及我的儿子对我事业的理解与支持，我要感谢他们对我的关爱，这本书也当是献给他们的一个很好的礼物吧。

这本书中的文章有一些是"遇鉴"的"鉴客"一起贡献的，其中我的合伙人明心兄贡献了4篇，另外还有悦悦、小豆芽、郑师傅等诸多好友的原创，在此感谢他们的爱意。

感谢所有帮助过我的师长与诸位好友、学员；感谢我的家人，特别感谢我的妻子及我的儿子。感恩遇见！

一切都是最好的遇见，让"遇鉴"成为我们生命的契机！

葛海平

2020年3月10日

自序 2

人生成本与核心竞争力

每天穿上厚厚的"铠甲"冲锋在职场,下班后回到避风的港湾——家庭,卸下"铠甲"补充能量。每当把车停进车位后,总是静静地发几分钟的呆,不想推开车门,缓缓地反观心神,慢慢地加持能量。我知:推开车门就是工作、压力、客户、家庭、房贷、责任……车里面是真正自己的空间,片刻的时光停顿能让真我宁静、让能量重启,哪怕只有一秒钟。推开车门,笑容重现。

不知道多少有家、有负担的职场人士是经常这么做的。

职场从不同情弱者,从不认可平庸,从不认可任何借口,唯有强者才能笑到最后。

懒惰是绝大多数职场人士最大的障碍,这里面分为思想懒惰与身体懒惰。其中思想懒惰的破坏力远远大于身体懒惰,不思进取、混沌度日、做一天和尚撞一天钟、推诿、怨天尤人、遇到挫折毫无抵抗力等都是思想懒惰的具体表现。

自助者天助。外力、环境只是给你一个思路、一个方向,真正的动力、能量来源于你的身心深处,来源于你对自己、家庭、责任、工作、职场的深爱，顿悟到人生真谛后自我加持能量进而反映到职场中，你就是胜出者。

我接触过很多职场成功者，发现他们中的所有人无一例外地都算清了人生成本。很多时候，要学会算、必须算、每天算，算清楚了你才能从内心深处获得奋斗的能量。

什么是人生成本？从人性、工作、目标、远期收入的角度，用战略的眼光把你的人生成本算出来、算清楚、算明白。然后用复利这一理财的办法将人生成本增值，即用经济学的统计办法去宏观地看待人生，通过养成反思、觉悟的生活习惯，具备预测和感知发展的趋势与可能的结局的技能。因为算清后你就看到了可能的结局，明白了你要做出什么样的努力、奋斗、艰辛，进而获得什么样的结果。这样可以避免很多可能发生的各种人生失误和过错，节约无数的时间和金钱成本。

你到底想要什么？你的愿景是什么？

愿景就是勾勒出自己的人生远景，然后拟订实现这些梦想的计划，这对人生意义重大，甚至会成为人生的转折点。

对人生拥有清晰的愿景将有助于我们做出更符合自己人生观和价值追求的努力。愿景的长期作用，迫使我们把眼光投向超越眼前正在做的事业或工作的更长远的人生目标，认清自己的秉性与格局，才会处变不惊，在遇到问题时能够重新评估自己的目标，成为目标的主人。

清晰的、真正的愿景是人能量的源泉。

时间是公平的，对于每个人；时间是有能量的，只对于少数人。每过一天，能量就加持一分，目标就坚定一分，迷雾中目标的灯塔就清晰一分，工作能力就精进一分、反思一分，因此我们要不断修正目标、加持能量。

越静思越觉得自己无能，越学习越觉得自己无知。我们预测自己的未来容易，因为目标是什么未来就是什么；但我们改变现在的自己很难，因为这要无数累积的能量和心力才能突破。我们无法改变人性和浮躁的环境，但我们能选择做一个高度自律的人。每天走2万步以修身，每天打坐反思1小时以修心，每天读古籍1小时以修德……高度自律产生能量，能量反过来又增进自律，如此往复精进，这岂是浮躁的外部环境、人性所能干扰和撼动的？

核心竞争力或差异化竞争力是职场胜出的最大资本。如果你比别人更勤奋、头脑更清晰、意志力更坚定、目标更高远，你占据人生、职场的主动权就会更多。

什么是核心竞争力或差异化竞争力？你拥有的工作技能让你在任何情况下都有被公司利用的价值，这就是核心竞争力。简言之，核心竞争力就是异于大多数水平的差异化能力。

我们来做一道数学题，用统计学的方法算一笔账。我们知道从职业生涯的角度来看，职场红线是：男士45~50岁，女士35~45岁。假设到职场红线时的平均年薪收入为10万元。

如果你年轻时算清了人生成本，具备了核心竞争力，你的年薪就会有20万元，即使过了职场红线期，职场上依然认可你的价值。也就是说，你可能还会被企业以不低于20万元的年薪继续聘用，这也是很多人即使白发苍苍却依然精神饱满地奋战在职场一线的道理。那么以男士为例，得出以下结论：

没有核心竞争力者：50岁以后每年预计10万元或更低的收入或领退休工资。

具备核心竞争力者：50岁以后每年20万元或更高的收入。

把人生的时间轴拉长，用战略的眼光看未来，你今天的付出所能获得的回报就体现在上面的结论里。

如何实现个人的核心竞争力？有三点，一是格局与担当，二是学习与反思，三是自律与执行。

1. 格局与担当

格局：你要做一个什么样的人？比如，你要做一个追求品质生活的人，你要做一个负责任的人，或者你要做一个一人吃饱全家不饿的人。

担当：以买房为例，不管你身在何处，都应在身边给父母买套房，让家人团聚，来不来是父母的问题，但买不买是你的问题。

2. 学习与反思

学习：你每天用于学习的时间是不是惯例？

反思：你是不是懂得认错，懂得不断地修正目标？

3. 自律与执行

自律：战胜懒惰、习惯、负能量。每天进步一点点。

执行：没有任何借口地执行。

明白以上道理后，请你试着回答以下几个问题：

(1) 3年后你的事业生涯或岗位，会是原地踏步还是晋升一级？

(2) 在裁员、公司降薪的时候，你会不会被波及？

(3) 3年后你的工资收入会是降低、维持现有水平还是增加至少30%？

(4) 3年后你的家庭、亲情的生活品质会有什么变化？

(5) 3年后你曾经的目标或计划、梦想会有哪几个可能实现？

回答完这几个问题后，在清晰的人生成本账前，你的意志力油然而生，你会藐视眼前的所谓的困难、压力，不断地增强自我意志力来面对每一天。知道吗？从四维空间来看，现在的每一天不是一天，而是未来的10天、1个月或者1年。假设你是一个时间旅行者，乘坐时光机从现在去了未来，发现未来的你取得的成绩是你现在不断努力、奋斗、坚持的结果，你就会倍感欣慰和庆幸。因为现在的你正在选择一条最正确的道路。我们再做一个相反的假设：假设你乘坐时光机从未来来到现在，当你看到懒惰、抱怨、不思进取的自己，你会倍感懊悔和自责，后悔自己没有选择最正确的一条路。

这就是人生。就职场而言：我们无法预测未来，但可以清楚地知道奋斗能比懈怠增加成功的概率，勤奋能比懒惰增加成功的概率。

在责任担当与茫然逃避之间，选择一个。
在品质生活与平庸度日之间，选择一个。
你自己选！

张少岩

2020年3月10日

目录

第一章 初入职场之菜鸟篇 /1

敲门砖的魅力：应届生如何创作一份吸引眼球的简历 /2

寻求热爱：一个应届男生在教育培训行业的选择与职场发展 /7

找准目标：应届生如何抓住第一个职业机会 /12

破茧成蝶：职场菜鸟365天之华丽蜕变 /17

感恩的心：世界以痛吻我，我却报之以歌 /20

第二章 职场发展之心态篇 /27

未雨绸缪：提前谋划，打造属于自己的职场之路 /28

选己所爱：一个应届海外名校女生的职业选择之路 /32

淡定平和：改变可以改变的，接受不能改变的 /37

稳中求胜：没规划，请不要轻易变轨 /42

聚集能量：如何尽快找到你的职场能量 /47

质的飞跃：突破和改变个人职业生涯迫在眉睫 /50

游刃职场：端正心态，避免职场"35岁现象" /55

第三章　职场转型之规划篇 /61

破茧成蝶：技术男华丽蜕变成为"男神"，担任公司掌门人 /62

做真实的自己：一位 95 后的职场转型之选择 /66

找到卖点：一个行政助理的职场转型之路 /68

忠于选择：985 高校毕业小白如何爱上自己的岗位 /70

从员工到主管：晋升后的新烦恼 /72

论生涯规划的重要性：社工招考现场，这位女士为何哭泣 /76

8 年的蜕变：从招聘专员到电商公司总经理 /79

跳跃的年薪：从财务经理到财务总监之路 /85

逆袭：从车间包装工到万达中层只需 3 年 /89

中年突破：酒店女高管的生涯转型之路 /94

不惑之年：尴尬的你还能更换职场跑道吗 /98

突破"瓶颈"：从中层到高层，实现职业生涯跨越 /104

职业总经理修炼记：从人力资源总监到职业总经理 /109

第四章　生涯发展之创业篇 115

无畏归零：一个服务业财务经理在制造业工作的新起点 /116

年薪百万元不是梦：从培训经理到超级社群运营官之路 /121

独孤求剑：当一个一意孤行的创业者是何种体验 /126

归零再出发：失败的人力资源服务创业经历 /132

甲乙双方：改变思路就豁然洞开，面对不同天地 /138

跨界营销：怎样颠覆一支钢笔的市场认知 /140

学会放下：创业者提升领导力的 3 个关键点 /143

第五章　人在职场之奋斗篇 147

极限"男神"炼成记：从职业总经理到咨询公司创始人 /148

极限人生：从未停下脚步 /154

独自向前：一个职业总经理的内心独白 /164

心的改变：写给年轻人的小感悟 /172

第六章　职场思维之升维篇 179

生涯发展：让你在职场跑道上胜出的3个方法 /180

看《猎场》谈职场：一个资深猎头给职场人的3个铁血职场规则 /184

离职见教养：请你云淡风清地离职 /190

见微知著：我十年猎头生涯中所见的那些个性老板 /193

初心不改，真爱永存：归雁入胡天之入平川一周年记录 /199

爱的跨越：贵州公益亲子旅行感触 /202

后记　207

第一章

初入职场之菜鸟篇

作为应届大学毕业生，在刚刚走入职场的时候，怀揣着象牙塔里的梦想，面对残酷的现实社会，尤其是面对竞争激烈的职场，未免会感到慌张：到底应该何去何从呢？尤其是在人才市场，当你看着摩肩接踵的人群时，这种慌张会演变成彻底的没有底气。其实，只要勤奋，找到一份工作养活自己是没有问题的，但职业发展是漫长的整体过程，切勿小看初入职场的第一步，也不要抱着骑驴找马的心态随便找一份工作就先做着。因为迈入职场的第一步如何走过，将对我们的未来产生深远的影响，所以一定要慎重：先明确目标，把握方向，做好规划，再开始行动也不迟！

●敲门砖的魅力：应届生如何创作一份吸引眼球的简历

如今，就业市场的竞争越来越激烈，不仅仅是因为社会上的人才济济，还因为每一个人都绞尽脑汁地推销自己，堪称"八仙过海，各显神通"。很多细心的人会发现，在大学附近，打字复印社等图文设计公司的生意往往十分火爆，尤其是在毕业季到来的时候，几乎每一个毕业生都会花费"重金"为自己搞好"面子工程"。和曾经的一张A4纸就能容纳大学毕业生20多年的人生履历不同，现在的简历少则几页，多则十几页，甚至还有几十页的。且不说十几页的简历需要多少内容去填充，仅仅是制作简历就需要很多成本。大学毕业生也很无奈，谁让大家都这么做呢，如果自己太过寒酸和磕碜，可能会在没有走上社会之前就被抛弃。

必须承认，对于每一个大学毕业生而言，好的简历的确起到了敲门砖的作用。但是，简历是越细致就越好吗？简历是越花哨就越好吗？当然不是。对于经济上捉襟见肘的学生而言，好的简历应该是既能够介绍自己的主要成绩和突出表现，也能够做到不花里胡哨并且踏实本分。当然，在花哨与朴素之间，在务实与务虚之间，总有一个平衡点，需要我们去寻找和把握。

前段时间，一所大学邀请我和几个朋友去给应届毕业生做面试辅导。那几个朋友都是资深的人力资源师，而我则是业余的职业生涯规划师。不得不说，学校领导还是很有心的，所以才会想到在同学们毕业之前，有针对性地给同学们辅导，让同学们在面对就业问题时不至于感到太迷惘。

来到学校，就业指导老师希望我能根据学校规定，选定一个具体的岗位，对学生们采取逐一模拟的方式进行面试辅导，也辅助学生们进行面试实践。我认为这样的方式效率太低，因而决定采取分批式的集中面试法。也许单个面试法能够给学生们更具体的指导，但是大学生毕竟是大学生，他们已经不再是初中生或者高中生了，他们应该有能力在小团体中相互学习，从而更高效地完成面试。

要想让迷惘的大学毕业生们对未来有更准确的定位和更清晰的规划，从而选定职业，做好简历，我认为要先做到以下两点。

第一，进行职业定位。

经过和大学生们的简单接触，我发现大学生们对于社会的认知处于两个极端。一个极端是乐天派，他们认为自己十几年寒窗苦读，现在终于要走出象牙塔，一定能够以所学发展事业，回报社会；另一个极端是悲观派，他们从各种渠道得知就业形势严峻，感觉自己即将陷入"毕业即失业"的窘境，甚至怀疑自己能否找到工作养活自己。我通过与毕业生们进行沟通，尽量客观地告诉他们社会现状，让他们不再盲目乐观和悲观，而是更加理性务实，也能够客观地认识自己，明确自己的优势和劣势、特长和短板，从而找到适合自己的职业。

调整好心态后，再来看看毕业生们的个人简历，你会发现他们的简历不管是奢华繁复的，还是简单质朴的，都与网络上的简历千篇一律，毫无亮点，没有凸显他们的与众不同。面对这样千篇一律的简历，试问有几个面试官能耐下心来询问他们，了解他们呢？最让人抓狂的是，学校早就给毕业生们统一做过个人职业规划，但他们却没有在简历上明确行业定位、职业定位和短期职业目标。这会让面试官即使看完简历，也觉得丈二和尚摸不着头脑，更不知道眼前这个青涩的年轻人到底想从事什么工作。

模拟面试的过程中，对于类似的问题，毕业生们的回答千篇一律。假如在真正面试的过程中，一名专业的面试官采取结构化面试技巧或采用专业面试工具，如小组面试、情景模拟或用测评工具进行面试，相信毕业生们根本没有技巧去应对。所以在我们开展的大学生的面试辅导中，会使用结构化面试及无领导小组讨论/文件筐测试等几类普遍使用的面试工具，目的就是要让学生了解并结合针对性岗位有实际演练的机会。

当然，情况并不是那么糟糕。在小组面试过程中，有一些同学还是很有想法和主见的，能够给出与众不同的回答，让我们耳目一新。例如，一个同学非常清晰地告诉我，他准备在毕业前先去当地工厂一线进行实习，实地了解产品制造工艺，熟悉制造流程，然后毕业后就去工厂工作，前两年还是扎根基层，深入了解产品、了解渠道、了解行业，第三年去从事产品销售，了解渠道及客户需求。通过这样3年的努力，他对行业会有非常深入的了解，并深知行业痛点，然后开始在这个行业正式创业，他的志向是改变这个行业。这是我这么多年来所接触的学生中，最有自我认知及规划能力并且愿意脚踏实地做积累的学生，但这显然也来自他成长过程中家族及家乡产业对他的影响。另一位同学告诉我，他的父母和很多家人是教师，所以他希望毕业后能够成为一名教师，教书育人，桃李满天下。我们认为，这两位同学之所以有职业发展的行业定位，也有个人职业方向的定位，是因为受到家族的影响，这也是其从小成长的环境决定的。他们的目标非常明确，和他们相比，更多的同学显然不了解社会上行业发展的趋势及企业用人真正的需求点。在高校中，各位老师虽然很敬业，也真心希望同学们能找到合适的工作，但他们并没有在企业工作的经历，因而对于企业的了解仅限于理论，对于行业发展趋势、企业的运作模式和对人才的真实要求，并不能与时俱进。所以在毕业季，毕业生们很有必要进行就业咨询，得到切实有效的指导。

第二，简历要重点突出，有针对性。

如今，大多数毕业生的简历是放之四海而皆准的模式，而一份重点突出、有针对性的简历，则应该根据所应聘企业所在的行业性质及岗位特质，进行有针对性的描述。这就要求毕业生们要预先了解企业和岗位的情况。如今，互联网非常发达，信息已经实现了及时传递，这让毕业生们可以迅速了解企业的很多情况，然后对各种信息进行甄别分析，这也就是我们所说的行业认知。

简历中除了要包含毕业生的基本情况外，还应该包含与应聘岗位相关的岗位实习经历。对于应届毕业生而言，工作经历就是社会实践经历，但是不应将所有经历全都呈现，而是应该呈现出与应聘岗位有相关性的经历。企业更希望在简历中看到明确的个人岗位定位和关于个人短期职业规划的描述。例如，一个人力资源管理专业应届生应聘企业人事专员，他在简历中描述了个人职业发展规划："在未来3~5年内，本人都将处于职业发展的探索期。在此期间，我需要逐渐摸索工作中的流程，掌握工作的方法，积累工作的经验，将所学与实践工作结合起来，希望能为贵公司的发展提供创新性建议。我会坚持不懈地努力，在贵公司的平台上，深入地了解人力资源工作。我的适应性很强，希望将来有机会可以去公司的各个岗位工作，这样我才能更深入地了解岗位分析、绩效考核等工作，从而为员工和企业创造更多的利益。"这段描述写得非常实际，目标明确。这份简历的主人是一位优秀的女生，据我所知，她因为工作定位准确，很顺利地应聘进入一家上市银行的人力资源部门，在工作两年之后，她凭着出色的工作表现和良好的工作业绩，也根据个人生涯发展规划，如愿以偿地调动到银行运营部门，开始从事银行运营管理工作。

对于每一个应届毕业生而言，简历就是不可或缺的敲门砖。要想顺利地打动 HR 的心，得到面试的机会，一定要为自己准备一份合格的简历。在面试过程中，简历同样是面试的依据，大多数面试官会根据简历的内容，对面试者提问。从这个意义上来说，简历也决定了我们将会有怎样的面试过程，被问及哪些问题。所以我们一定要很用心地制作简历，对于那些特别想去的公司或者企业，还可以量身打造简历，从而让简历更具有针对性，也彰显我们的用心。

制作一份能够让人怦然心动的简历，会让我们的求职过程更加顺利。好的简历，让面试官在还没有见到我们的情况下，就已经对我们产生了好感；糟糕的简历，却使我们失去一次宝贵的面试机会。当然，在制作简历的过程中，除了要注意上述所说的几点之外，还有很多个性化的元素可以加入其中，表现出我们的与众不同。当然，这也要因应聘公司而异，毕竟在不了解面试官之前，我们更容易通过互联网等途径了解公司。有志者事竟成，老祖宗的话不管在什么情况下都有道理，就让我们多多用心，争取马到成功吧！

寻求热爱：一个应届男生在教育培训行业的选择与职场发展

很多人以为，成功的职业生涯是要找到自己热爱的工作，其实这样的理解未免狭隘。真正成功的职业生涯，不但要找到自己热爱的工作，还要建立自己热爱的生活。不管是工作还是生活，都离不开"热爱"二字。热爱，恰恰是生命中最不可舍弃的执着，也是绚烂绽放的人生中最不能迷失的自我。

很多应届毕业生在进行职业生涯规划的时候，迫于生存的压力，迫于对未来的憧憬和愿望，往往会暂时放弃自己的理想，转而向现实投降。正是在这种心态的影响下，每年毕业季过后，很多家公司里会出现"骑驴找马"的盛况，是因为有相当一部分应届毕业生抱着养活自己的目的，委屈地选择了正在从事的工作。青春的光阴虽然很长，却如同白驹过隙般飞速逝去，人生最耽搁不起的就是时间。在选择职业的时候，应届毕业生应该以更慎重的态度对待，尤其是不要放弃自己的热爱，这样才能谋求更长远的发展和更宏伟的规划。

我在本地的一家高校中兼任人力资源管理概论这门课程的老师，还担任毕业生的创业导师。因为工作的缘故，我接触过很多应届毕业生。他们虽然在学校里就接受过就业指导，也进行了个人职业生涯的规划，但是对于选择职业依然感到很迷惘。只有极少数毕业生能够通过其家庭从业背景，较早地确立比较明确的职业规划和人生未来的蓝图，而其他绝大多数毕业生在面临毕业选择的时候，抱着先就业后择业的想法，被动地走向社会。

其实，现代科学测评工具可以帮助毕业生们了解和测评自己的个性、能力、特质，只是大多数学生不知道这些测评工具的存在，更不会使用。有些时候，一些毕业生也会邀请专业人员对测评的结果进行解读，并且为他们提供跟踪咨询服务。如果能够把这些准备工作做在前面，毕业生的就业前景就会更好，职业发展也会更顺利。遗憾的是，很多毕业生不知道自己到底喜欢从事什么行业，也不知道自己适合什么岗位。他们除了拥有学历和各种证书，并没有在相关行业中工作的经历，所以更无从进行为期3~5年的中短期个人职业生涯发展规划。

很多高校的学生和老师不了解社会上的各种行业，也不知道每个行业中相关的岗位有什么具体的要求、需要什么样的人才，这使得人才培养与毕业就业出现脱节的问题。现实的世界发展日新月异，随着行业及经济的变化，每个行业、每个岗位都在不断地改变，需要持续追踪，才能深入地了解行业与岗位的特点，让自己成为合格的人才。毕业生要想找到合适的工作，为自己的长远发展做好准备，就必须在大学校园里就确定个人努力的目标，在此基础上坚持成长和进步，培养和发展自己的核心竞争力。

小A是在校友的推荐下，找到我进行线下一对一咨询的。经过与他沟通，我对他的个性及他的大学学习情况、社会实践情况有了了解。在此基础上，我还了解到他对自身的行业定位与岗位定位，基于这些情况，我帮助他进行了相关的职业生涯发展规划与定位。事实上，我确实很欣赏这个年轻人，他是一个目标明确的人，因为受家人的影响，他希望从事教育培训工作。

小A去教育培训机构工作也确实非常合适，因为他坚信教育培训行业是朝阳行业，未来将会有广阔的发展空间。最重要的是，他有家人在从事教育培训工作，而且他大学毕业前半年就在本地教育行业内一家知名机构实习，担任市场总监助理，所以他对教育机构还是比较了解的，也积累了一定的行业经验。

小A在大学里学的是设计类专业，但是他早在读大学期间就确定了职业目标，为此他一直在为大学毕业后进入相关行业做准备。读大学期间，当其他同学在肆意享受青春时光之际，他没有虚度光阴，而是珍惜时间，努力学习并且熟练地掌握了新媒体的文案、策划及运营等相关知识技能。这些学习和积累，为小A未来的从业奠定了扎实的基础。

在交谈中，我发现小A很善于思考。他告诉我他很喜欢孩子，很享受与孩子们在一起的感觉，所以他的职业规划首选是从事教育培训行业。他给自己的定位是希望在民营教育培训行业长期发展，实习经历已经证明他可以胜任市场部总监助理的岗位，未来在教育培训行业应该如何发展，他希望得到我的专业化建议和个性化指导。他迫切希望我能确切评估他是否真正适合在教育培训行业长期发展，因为他不想未来有太大的不确定性，更不想用青春赌明天。此外，他还刚刚得到一个来自某知名培训机构的工作邀请，但他对此有些犹豫，因为这份工作在外地，他对自己能否离开宁波，孤身一人去外地发展有些担心。他希望得到我的建议，也希望自己能尽快下定决心。

了解小A的情况后，我很认同他对培训行业的信心。近些年来，培训机构如同雨后春笋般涌现出来，因为培训行业是一个可以快速变现的行业，会为企业带来可观的现金流。不过，目前培训市场竞争很激烈，要想在鱼龙混杂的培训行业中崭露头角，站稳脚跟，谋求发展，就必须在独立的课程研发体系及教师的培养体系建设方面拥有实力。在这两个重要的考量因素上，那些大型的全国连锁培训机构就会显得更有优势，如果选择那些中小型培训机构，就会面临很大的变动，未来长期的发展就有很大的变数。所以，我建议他选择那些国内著名的教育培训机构，并且要脚踏实地地长期发展。

看得出来，小A是真心喜欢教育培训行业，也是想在这个行业持续发展的。然而，从事市场策划工作，更需要得到资源的支持，并不利于他在教育培训行业持续发展，如果有教师的背景，则更容易得到晋升。因此，我建议他逐步往综合运营的方向发展。

正好我与一家知名教育培训机构的校长非常熟悉，于是在我的推荐下，他幸运地得到校长的亲自面试，并且得到了市场部总监助理的职位，还获得了当年的企业管培生的职业机会。这是何其幸运啊！

小A去单位报到前，我建议他要在该机构至少积累3年的工作经验，以提升自己的工作能力，并逐步走向综合运营岗位。对于工作报酬，按照我给他设计的职业规划，他以市场总监助理的职位进入该培训机构，在两年之后，年收入可以达到20万元。

小A信心满满地进入了该教育培训机构工作，他也确实非常努力。其间，我也去看过他，每当他承担非常重大的工作任务时也会给我打电话咨询相关建议，每次电话结束前他总是信心满满地告诉我："葛老师，我会尽我的一切努力去完成任务，因为这是我的机会。我给您打电话，不是为了求助，而是因为我能从您的声音里得到力量，您就是我的导师。"小A真是既努力又聪明的好孩子啊！

只是，小A后来的发展脱离了我设定的轨道。他在工作了一年半之后，凭着努力，在工作上取得了一些小成绩之后，禁不住外部同行的诱惑，离开了单位去自主创业。客观地讲，他的创业还算成功，但是后来他的投资人放弃了当初约定的美好经营理想，只想尽快收回投资，最终使创业半途而废。迷惘之余，小A又一次找到我，我建议他与老东家沟通，以寻求获得谅解，勇敢地回归，一切从零开始。很快，小A回到原单位并成为新项目的运营负责人。如今，他已经回归快两年了，工作表现很出色。我希望这次他能坚持自己的选择，实现自己的理想。

事实上，在我见过的众多应届毕业生中，小A不但聪明勤奋，而且情商很高。他不仅有明确的目标，而且有理性的规划，还有很强的实力。我相信他只要脚踏实地地做事情，耐得住寂寞，通过坚持不懈地努力，就一定能够迎来人生的繁花似锦。

职业生涯规划为我们每个人指明了人生方向，让我们即使身处人生的至暗时刻，也不会轻易放弃；即使春光正好，也不会得意忘形。每一个人，尤其是应届毕业生，更需要科学的职业生涯规划。而早早进行职业生涯规划，就可以在大学的学习中目标明确地努力，充实大学的时光；在毕业之际进行科学的职业生涯规划，就能避免因为"骑驴找马"而荒废宝贵的青春时光，从而让人生有更璀璨的未来；退一步而言，哪怕是在职业发展遇到挫折之后再进行职业生涯规划，也好过稀里糊涂地度过一生。

职业生涯规划——宁早勿迟，你，做好了吗？

找准目标：应届生如何抓住第一个职业机会

每年毕业季，都是大学生最为困惑和迷惘的时候。极少数大学生准备在父母的安排下走上工作岗位或者接手家族企业，还有极少数大学生准备考研，也有极少数大学生想要出国继续深造。而绝大部分学生对于自己毕业后的就业问题感到毫无头绪，一方面他们听说就业形势越来越严峻，很多人因为没有系统的个人职业生涯发展规划与职业定位，一毕业就面临待业或失业状态；另一方面他们觉得自己十几年寒窗苦读，应该能够成为对社会有用的人，创造价值，实现生命的意义。正是在这样矛盾和纠结的心态中，毕业的日子越来越近了。

现代社会，有两个地方的人最多：一个地方是医院，人生病了都要去医院，找医生治疗；另一个是人才市场，每年毕业的大学生都很多，再加上那些非应届毕业生也参与到找工作的大军中，使得人才市场往往是人山人海。春节一过，毕业似乎迫在眉睫。抢先行动的毕业生，已经找到了实习单位，并且准备与实习单位签订就业协议。动作慢一些的毕业生，还不知道自己要去哪里学习呢，这时未免慌张起来。本着毕业后一定要自己养活自己的原则，他们采取"骑驴找马"的策略，决定如果一时之间找不到合适的单位，那就先凑合着在一家单位干着，等到有好机会再跳槽。这样的想法固然现实，却并不是长远之计。对于每一个大学毕业生而言，最宝贵的是什么？不是父母继续支援的几个月生活费，也不是那微薄的薪水，而是青春的好时光。

生命虽然看起来漫长，真正能奋斗的时光却也短促。时光一去不返，再也不会溜回来眷顾我们。大学毕业后，看似每个人都开始了职业生涯的状态，但每个人对此阶段的理解并不相同或是明确，其实这个阶段的重点在于积累经验、学习实操，实际上也是自我提升、积累人脉的好时机。如果在这家公司干三个月，去那家公司干两个月，在短短一年里恨不得换个三五家公司，那么最终就会毫无收获。所以作为应届毕业生，不要因为急于自己养活自己，就仓促地确定一份职业。当然，要想让学校和公司无缝衔接，最重要的就在于未雨绸缪，在还没有毕业就要开始着手准备工作的事情。细心的同学们会发现，很多还没有毕业就得到大公司 offer 的人，不是因为幸运，也不是因为家世背景雄厚，而是因为他们在进入大学校园的第一天开始，就已经在努力，在拼搏，在奋斗。所以他们才能抓住第一个职业机会，在一个行业里脚踏实地地干下去，积累了很多宝贵的经验，为他们未来的职业发展夯实了基础。

要想抓住第一个职业机会，具体而言，应该怎么做呢？

首先，明确个人职业目标。只有明确了职业目标，才能明确职业发展的方向。大家都听过《南辕北辙》的故事，一个人即使具有很多的便利条件，如果没有把握正确的方向，而是朝着错误的方向前行，那么这些有利的条件会变成不利因素，使我们越来越远离初心，忘却人生的目的地。对于应届毕业生而言，越早明确个人职业目标，在学习的过程中就可以有针对性，提高效率。我曾经在一家大学做学生面试技巧辅导工作，借此机会接触了 100 多名应届毕业生，发现其中只有两个学生清晰地知道自己毕业后要做什么，并且正在有的放矢地进行知识储备和能力提升。一个学生来自教师世家，她最大的愿望就是毕业后和爷爷奶奶、爸爸妈妈一样也成为一名教师，站在三尺讲台上教书育人，桃李满天下。另外一个学生来自绍兴的一个印染世家。在绍兴，印染是传统产业。他确凿无疑地告诉我，实习期间，他要去绍兴的一家工厂实习，实地了解产品的制造工艺，熟悉制造的流程，等到毕业了，就去工厂工作。他的计划很长远，前两年先扎根基层深入了解产品、原材料供货渠道、行业发展，第三年从事产品销售，了解销售渠道，挖掘客户需求。通过3年的努力，他就能够深入了解行业，深知行业痛点，从而开始正式创业，更新和改良产品，让印染这个传统行业成为朝阳产业。多年来，我接触过很多学生，这个学生的自我认知最清晰，而且对于未来做出了明确的规划。最重要的是，他一点儿也不浮躁，在这个喧嚣的世界里，他愿意脚踏实地进行积累，这也许与他的成长经历和家庭教育有关。这样一位毕业生，怎能抓不住第一个职业机会呢？而且可以预见，未来他还将抓住与职业有关的很多机会，获得良好的发展。

其次，端正职业心态。只有在有着深刻自我认知也能准确自我定位的基础上，应届毕业生才能进行职业定位，进行职业发展规划。作为应届毕业生，如果根本不知道自己的特长和短板是什么，也不知道自己适合从事什么行业或岗位，更不确定自己是否愿意从基层做起，那么他们在面对毕业季时就会很迷惘。这些问题应该早早地就想好，而不是等到要毕业了都快火烧眉毛之际再去想。

如今的职场上，很多进入职场几年的人都在想：哎呀，早知道工作是这样的，当初我一定不逃课不贪玩，拼尽全力好好学习。然而，时光不能倒流。对于大学生来说，我们唯一可以做的，是在进入大学之前就知道职场有多么残酷，工作有多么无情，这样我们才能避免虚度青春时光，全力以赴把学习学好。在大学里，除了要学习更多的知识，开阔眼界，掌握技能之外，还可以参加各种社会实践活动，这样才能深入职场，从而让接下来的学习更有效率。学习的本质就是为了今后的工作目标达成，这本身是一个持续学习成长的机会。

作为应届毕业生，要想做好职业发展规划和定位，必须深入了解外部行业产业发展趋势、企业岗位要求等。如今不再是死读书和读死书的时代，学校再也不是象牙塔，可以为大学生构建一个梦幻的世界。此外，经济的发展一日千里，行业与行业的界限会被迅速打破，每天会有新的职业产生，所以同学们要提前去了解行业、了解企业、了解岗位，这也是我们提升应聘成功率的好方法。只有把这些准备工作做在前面，我们才能明确个人的生涯发展规划及努力的目标。很多大学的就业指导在引导学生先就业后择业，这是完全错误的。第一次职业选择，就像职业生涯的起步，将会影响甚至决定我们未来的职业发展，千万不能轻视。

再次，尽快了解行业。很多同学问我如何选择行业，要想解决这个问题，就要快速了解行业。实际上，世上无难事，只怕有心人。只要真心想去做一件事情，我们总能找到解决的办法。作为大学生，休息的时候除了四处玩耍之外，还可以去看看人才市场企业岗位需求，包括线上与线下的市场及人才网站、社交平台，均有相关针对应届生的招募信息。尤其是大城市的人才市场，简直是就业的风向标。在人才市场里，大学生可以了解企业的岗位要求、行业分类，从而明确学习的方向和目标。如果我们暂时无法选择行业或对行业不了解，可以先选择一个你所感兴趣的产品，比如男孩子可选择汽车，女孩子可选择化妆品、玩具类等，兴趣是你持续在一个行业发展的源源不断的动力，这样也可以让你保持聚焦。对于漫长的职业生涯而言，大学里所学习的知识是远远不够的，在走出大学校园后，我们其实更需要投入新阶段的学习。早早地开始

学校之外的学习，对于大学生只有好处，没有坏处。大学生可以从兴趣入手，或者从自己规划的职业目标入手，这样才能准确地实现目标。

如今，有很多科学的测评工具，可以帮助我们进行职业定位，明确职业规划。对于未知的结果，过程是更为重要的，因为我们只有不辜负过程，才能获得梦寐以求的结果。大学生们，如果你们希望获得准确的行业定位，抓住人生中第一个至关重要的职业机会，就要学会评估，学会权衡，并果断地做出选择。

最后，明确目标，努力学习。不同的企业，对于应届毕业生的关注点是不同的，例如世界五百强微软关注领导力、创新能力、分析能力；IBM公司关注分析能力、适应能力、团队精神；P&G公司更看重热情、沟通、好奇、领导欲等。这是国际知名企业对人才的关注点，而国内的很多公司更多关注责任心、能力、品德、思想政治素质、求职动机等。我的一个亲戚从小成绩优异，高中毕业前被保送到清华机电系。他非常有心，来找我给他提出建议，因为他想趁着去学校报到前的这段时间进行社会实践。我建议他：结合机电专业，到宁波周边一些制造电机的优秀企业，参加社会实践。通过实践，可以了解这个行业、相关产品的发展趋势，如果能够带着问题和兴趣去学习，肯定可以得到令人欣喜的结果。

很多人误以为面试是决定能否获得职业机会的关键步骤，而实际上，早在进入大学之前，我们就应该开始为工作做准备，这才是决定我们能否顺利而主动获得职业机会的关键。在进入大学校园之后，我们更是要注重多多积累，培养正确的职业方向，加强对自身的职业定位。大学4年的时光看似漫长，实际上弹指一挥间：大一，要了解自我；大二，要锁定感兴趣的职业；大三，要有目的地提升职业修养；大四，要初步完成学生到从业者的角色转换。机会永远都是留给有准备的人，所以不要抱怨、不要悲伤，只有时刻准备着迎接机会的到来，我们才能抓住机会、把握机会，给自己的职业生涯发展一个美好的开始。

● 破茧成蝶：职场菜鸟 365 天之华丽蜕变

每一个初入职场的菜鸟都会以羡慕嫉妒的眼光看着雷厉风行的前辈，他们不止一次地问自己：什么时候，我才能和前辈一样在工作中游刃有余呢？别着急，破茧成蝶还需要过程呢，更何况是职场菜鸟的蜕变呢！只要目标明确，方法得宜，也许你只需要 365 天，就能完成华丽蜕变啦！

作为职场新人，要想华丽蜕变，首先要对职业有正确的认知。很多人把职业生涯看成一场短跑比赛，实际上，职业生涯是漫长的马拉松长跑，甚至会持续几十年。每一个在职场上风生水起的人，都有着长远的目光，他们从不把职场生活视为一份工作，而是把职场生活视为一段职业生涯。这就意味着他们每次换工作或者跳槽，彼此之间都有着紧密的联系，也能够实现能量的传递和职业结构的连续。如果像丢掉一件衣服一样丢掉前一份工作，那么可想而知，即使后一份工作很好，很有发展的潜力，也不会改变我们的命运。也有很多职场菜鸟在找工作的时候更关心薪水，而很少关心企业的发展前景是否一片大好，企业的文化是否与自己的价值观念相契合。这样的短视，使得职场菜鸟的

发展和成长举步维艰。

职业生涯是一个漫长的过程，明智的人从进入大学之前就开始规划自己的职业。在国外，会对人从小就导入职业启蒙及职业价值观，根据个人所长，找到一个真正适合自己的职业兴趣点，基本明确自己今后的职业发展方向；而愚钝的人即使大学毕业，也不知道自己的未来在哪里。还有些人，哪怕已经走上了工作岗位，真正开始工作，也常常丈二和尚摸不着头脑。不过没关系，相信在看过本节内容之后，你们一定会和CC一样突然顿悟，开始规划人生、规划职业，也开始腾飞。

CC是浙江临安人，在宁波就读物流专业专科，毕业后留在宁波工作，在一个工程设计类公司从事财务出纳，后来又当了人事行政文员。作为初入职场的菜鸟，CC备受煎熬。这是一个很小的新公司，刚刚起步，不但CC作为新手茫无头绪，整个公司的运转都很茫无头绪。她经常感到懊悔：为何我要来一家小公司里工作呢？想问个什么事情，压根没有人能够指点我；公司的未来会怎么样呢？我的未来会怎么样呢？她对于自己的职业发展缺乏准确的定位和长远的规划，只能在"单打独斗、冲锋陷阵"的状态中，继续"丢三落四、纰漏连连"。有的时候，CC犯的错误让领导都哭笑不得，要不是看她来了一段时间，工作态度还好，领导真想炒了CC的鱿鱼。

和大多数职场人不喜欢顶头上司不同，CC做梦都想有一个顶头上司，这样她在感到迷惘和困惑的时候，至少有人可问啊！CC日思夜盼，终于在一个阳光灿烂的日子里结束了"无领导"的工作状态——CC的"救世主"来了。新主管上岗之后，马上开展了对CC的"改造"计划。

首先，主管与CC进行了一场友好的谈话。了解CC的个性，分析CC的日常工作成果和方式方法，带着CC一起畅想行业发展的良好前景，这么做的效果立竿见影，CC马上"满血复活"。其次，主管讲各种人生的道理给CC听，使CC如同醍醐灌顶，一时间大彻大悟。主管还引导CC进行个人职业发展规划，让CC结合初创期公司发展的特点明确自身职业定位。在被主管分析引导之后，CC发誓要脱胎换骨。

经过一番认真的思考与分析，CC为自己做了一个初步的职业发展规划：一是计划从人力资源的招聘工作切入，用3年时间系统了解电力行业的竞争对手情况。二是总结出人才分布的规律，利用多种手段、渠道收集人才信息，做好人才储备。要对目标人才进行持之以恒的沟通，这能够为日后公司有需要时的"招之即来"做好准备。三是实现个人短期目标规划，即成为拥有良好业内人才资源的招聘专家。四是坚持学习，坚持突破和超越自我。

在制定了一系列相关的规划后，CC发现此前的朝九晚五根本不可行。为了更高的匹配度和招聘效度，她常常需要利用下班后和双休日与目标人才进行电话面试，这是招聘的重要环节之一。这意味着CC必须放弃很多逛街、姐妹淘的计划，但是她觉得很充实，而且并不觉得辛苦。CC充分意识到人生有了方向是多么美好的一件事情，她从慵懒懈怠到精神抖擞，始终坚持不懈地朝着梦想努力，就像变了一个人。CC对待学习和工作越来越游刃有余，不但信心倍增，每月的薪水也从之前的2500元，升到现在的"5000大洋"。最为关键的是，通过职业目标的定位、工作业绩的达成，CC已经从一个混沌的职场小菜鸟，蜕变成一位自信美丽的人事主管。是的，CC的HR梦想已然起航！

人生就像在漫无边际的大海上航行，如果始终找不到方向，分不清东南西北，那么就只能漂荡在大海上，前途不知所踪。职场也是如此。不管做什么事情，只有明确目标，找准方向，才能事半功倍。人在职场，或者人还没有进入职场，就要未雨绸缪地想一想自己想要怎样的生活，想要怎样的人生。也许有些朋友会感到纳闷：不是在说工作吗？为何与生活扯上关系呢？如果你仅仅把工作看成谋生的手段，那么从事怎样的工作至多影响你的经济收入；你只有把职业看成生活的重要组成部分，才会更加理性慎重地选择职业，也才能对自己的人生真正负责。

事例中的CC，从在工作上茫无头绪、昏头胀脑，到得到主管的指点，最终获得了快速的成长。在此之前，她从来不知道在职场上浑浑噩噩会对自己的生活有这么大的影响。直到对于职业生涯有了明确规划，也有了准确定位，她都感觉到自己就像变了一个人。充实而又精彩的人生，是人人都向往的，却不是人人都能拥有的。在生命的历程中，对于一切想要得到的东西，我们都要努力争取，才能真正得到。否则，如果总是带着随遇而安的心，对于一切都怀着听天由命的态度，那么就会虚度宝贵的青春年华，也会浪费珍贵的生命。从现在开始，365天的蜕变计划开始起航。你，是否愿意成为崭新的自己，给自己惊喜，给自己值得期待的未来呢？行动起来吧！

● 感恩的心：世界以痛吻我，我却报之以歌

人生在世，不可能凡事都顺心如意。尤其是当我们对人生怀着殷切的期望，怀着理想和志向，就更是会为了实现梦想而拼尽全力。而这时稍有不如

意，我们就会感到很悲伤，也很失落，这一切并非是因为外界，而是因为我们的心。每一个被世界以痛相吻的人，都很难发自内心地爱这个世界，更难以唱起欢歌从容应对坎坷和厄运。而实际上，不管人生如何，我们都要有对酒当歌的情怀，都要能够带着眼泪去微笑，都要能够满怀勇气去面对各种境遇。

尤其是在职场上，每一个立志高远的人，都会遭遇各种不如意，经历各种困顿，还会被突然袭来的委屈打击。正如人们常说的，希望越大，失望也就越大，同样的道理，对职场的期待越多，沮丧也就越多。是谁欺骗了所有人，说只要有付出就有回报的？残酷的现实却告诉我们，即使付出了也未必有回报，但是如果不付出，就注定没有任何回报。所以在任何情况下，努力都是必需的。不管遭遇命运怎样的对待，不管接受生活怎样的打击，我们都要不忘初心，砥砺前行；都要勇敢无畏，披荆斩棘。

很小的时候，建军立志从政，渐渐长大才明白，经济基础决定上层建筑，对于没有社会背景的建军来说，从事经济类工作更能够改变命运。最终，建军怀揣着梦想和对未来的无限憧憬，离开了四川，来到了宁波。建军从制造业最基层的岗位开始做起，经过3年的不懈努力，做到了部门正职。但是建军并不满足，建军不想一辈子都和冷冰冰的机器打交道，因而转行进入证券公司，开始做营销，后来又做金融投资。2009年，股市从1664点升到3478点，是前所未有的大好行情，建军赚到了人生中的第一桶金，从一无所有的穷小子成了百万富翁。建军越来越骄傲，变得自负，认为自己无所不能。建军想尽办法借了很多高利贷，以为自己还能创造致富的奇迹，却把自己的20多万元的积蓄和100多万元的盈利全都亏了进去，还欠了一屁股债。就这样，2011年成为建军人生中的噩梦，建军不得不靠父母的接济生活，还要应付那些追着他讨债

的人。他压力极大，不止一次想到了死，也深刻感受到了人情的冷暖。在这样的绝境之中，建军开始思考人生，开始规划未来的人生道路。

建军不甘心就这样放弃，决定再给自己一次机会。经过一年的努力，他终于还清了欠款，但是依然两手空空。建军继续在资本市场里打拼，经过了几年的历练和沉淀，建军终于能够沉着地应付股票市场。2014年夏天，建军从失败中爬起来，成立了自己的小微金融公司。从此，建军的人生迈入了崭新的阶段，建军更沉静、更踏实，从来不把任何事情当成小事，也深刻地认识到只有量的积累才能达到质的飞跃，而自己需要学习的东西还有很多很多。

没有谁的人生是一帆风顺的，尤其是对于初入职场的菜鸟而言，不在职场中摸爬滚打几个来回，又如何知道自己的优势和长处，如何了解职场的险恶呢？不管在职场中有怎样的经历，都是我们人生中不可缺少的宝贵经验。很多时候，在职场上，真正的富有不是学习了多少知识、掌握了多少技能，而是拥有丰富的职场经验，在面对变化莫测的职场时，始终都能云淡风轻，从容应对。当然，作为即将毕业或者刚刚走出大学校园的毕业生，也没有必要对职场怀着恐惧。只要做到以下几点，我们就能当一个从容的"菜鸟"，在职场中以不变应万变，即使面对坎坷境遇，也依然心怀感恩，坦然应对。

第一，无论外界环境如何，都要保持一颗纯净的心。从走出校门的那一刻起，我们就已经成了一个独立的"社会人"，在公司里没有人会像亲人一样惯着我们、宠着我们。即使很多年轻朋友对工作环境、人际关系等不满，在短时间内也无法改变现状，还是应该怀着一颗纯净的心，坦然接受不能改变的一切，并且努力快速地适应外界环境。记住，不要抱怨，否则只会带来更多的负能量，阻碍我们的进步。人生中，没有任何经历是白白经历的，我们要努力让自己在并不完美的大环境中接受锤炼，我们所学过的每一样东西，所遭受的每一次苦难，都将会在一生中的某个时候派上用场，这是属于我们的宝贵财富。

第二，骑驴找马要不得，切勿频繁跳槽。在任何行业里，只有权威，才拥有"话语权"。当今世界上，博恩·崔西是个人职业发展方面最成功的演说家。他曾经说，任何人只要专注于某一个领域，5年可以成为专家，10年可以成为权威，15年就可以成为世界顶级权威。如果我们对一件事情只有三分钟热度，一遇到挫折，就想放弃、逃避，最终又能获得什么呢？难道每一次挫折都有退路可寻吗？

有一次，我与一家单位的人力资源部长聊天。他开玩笑说，有太多人习惯把单位当成培训中心，高兴则来，不高兴则去，一不开心，就拿辞职说事。当然，辞职的原因除了一些无法改变的体制因素外，更多地取决于每个人的心态。我知道，这些离职同事进入新工作之后的状态并没有当初设想的那么美好，可见并不是换个环境就可以解决所有问题，调整好自己的心态才是最重要的。

在一个圈子工作了几年，很多人就觉得自己是行业内的专家了，其实在真正的"大家"面前，他们只是略知皮毛而已。在专业领域内，没有10年以上的工作经验，很难获得国际和国内大奖。所以，每个人都需要静下心来，凭着信念保持专注，或许生活会给我们带来不一样的惊喜。

第三，选择自己所爱的，爱自己所选择的。事业和感情一样将就不得，否则一定会陷入痛苦之中。大多数人在选择前会经过一番深思熟虑，通过种种比较，才会做出最终的选择。选择分为两种情况：一种情况是自己并不真心想做出这样的选择，只是为了达到某种目的，不得已而做出的选择；另一种情况是所选择的就是自己所爱的。如果是后者，恭喜你！因为在现实生活中，迫于各方面的压力，很多人并不真心喜欢和热爱自己的工作。

退一步而言，我们即便选择了所爱的，在一段时间后，总会遇到激情退却、繁华不再时，那时的我们该怎么办呢？是坚守还是放弃，这取决于自己的内心。工作中难免有不尽如人意的地方，如何调节很重要。

第四，学会发泄，疏通情绪。发泄一定要选择合适的时机和场合。无论在单位里经历了怎样的挫折，请不要把情绪直接通过面部表情表现出来。回家之后，你可以把自己关在屋子里，痛哭一场，也可以和好朋友去KTV恣意乱吼一通，抑或去疯狂Shopping。无论怎样，都不要在领导和同事面前，毫不遮掩地把愤怒和不满的情绪表露出来，这样只会引起不必要的麻烦。换言之，在职场上，永远不要让别人知道此刻你的心里在想什么，更不要向别人诉说你的不幸。因为20%的人漠不关心，80%的人只看笑话。一段时间过后，回过头来看看自己走过的岁月，就会觉得一切不过如此，自己都会为曾经的坚韧所感动。

第五，学会微笑。微笑是我的撒手锏，我会对所有人微笑。因为微笑可以在瞬间消除两个人之间的隔阂，久而久之还会让人变得更有亲和力。从自身的角度来说，微笑有助于身心健康。微笑，还能帮助你给他人留下良好的印象，助力你结识贵人。所以，微笑吧！它真的会给你带来意想不到的收获。

在整个世界上，人心都是最复杂的，所以人际关系也是每个人都要面对的难题。不管是生活在顺遂的境遇中，还是生活在坎坷磨难中，我们都要怀着积极乐观的心态，都要坚持不懈地努力。要相信，一切的事情都有结束的时刻，任何艰难都只是暂时的。唯有更加全力以赴地投身于职场，更加全力以赴地开创未来，我们才有更美好的人生。步入职场，充其量只是人生中小小的一步，接下来，还有很多事情等着我们去面对，还有很多问题等着我们去解决呢！无畏无惧，勇敢前行，才是人生该有的姿态！

第一章 初入职场之菜鸟篇

第二章

职场发展之心态篇

　　心若改变，世界也随之改变。不管做什么事情，都需要拥有良好的心态。如果内心张皇失措，对于很多事情急功近利，还没有付出呢，就迫不及待地想要得到收获，那么就会剑走偏锋。由此可见，不管想在哪个行业哪个岗位上谋求发展，都要先调整好心态。这是一个浮躁的时代，人人都梦想着一夜成名，人人都梦想着当网红，只有那些真正脚踏实地的人，才能点点滴滴地进行积累，最终由量变到质变，让人生飞跃！

● 未雨绸缪：提前谋划，打造属于自己的职场之路

常言道："一年之计在于春，一日之计在于晨。"那么，一生之计呢？很多人对待人生都怀着走一步看一步的消极心态，而实际上，人生恰恰是最需要未雨绸缪提前规划的。有人说，"你现在的工作及生活状况，取决于3年前的选择"。这句话非常有道理，它告诉我们对于人生中很多重要的事情，都要预先规划。

老司机都知道，为了让汽车保持良好的状态，在启动汽车的时候，要先点火，发动汽车之后让汽车热身，这样才能有效提升汽车的性能。每辆汽车的型号不同，性能不同，再加上环境温度的不同，所以热车所需要的时间也是不同的。打个比方来说，职业也是我们的汽车，在进行职业规划和发展时，我们同样需要热身。在职场之路上，心就是我们的发动机，选择就是我们的挡位。

步入职业通道，选择和起步是第一阶段的重要任务，要想圆满地完成任务，就要掌握知识和技能。有的人迈步职业通道，完全是靠着运气，而有的人迈步职业通道，却靠的是能力。此前我们的所有选择，在现在都会对我们做出回报。职业通道并不像大多数人误以为的那样始于大学毕业，而是早在求学、选择专业的时候就已经开始了。看到这里，一定有很多朋友感到惊讶：职业通道开始时，我们是否还处于懵懂之中呢？没错，说进入职业通道是一场冒险，

丝毫不为过。

很多人早在读高中的时候就在设想自己未来会从事什么工作，在正式步入职业通道中后，他们还会不断地调整自己的职场坐标，矫正自己的职业发展方向。随着人生不断地迈入更为广阔的天地，每个人接触的人越来越多，经历的事情越来越复杂，所以职业发展也就呈现出更多的可能性。如果等到读大学，甚至在大学毕业后才开始规划自己的职业通道起步之路，就是比较晚的情况了。也有很多人即使已经步入职场多年，依然不知道自己真正的职业是什么，更不知道自己想在职业道路上得到怎样的发展，到达哪一个目的地。这无疑是很悲哀的。

建强的家乡在西部一个经济落后的小城，建强能够走出家乡，来到宁波，得到良好的发展，和他3年前的规划及努力密不可分。2005年，建强考到杭州读大学，学习他早在高一时就已经明确选择的专业。经过4年的学习，建强和所有的毕业生一样都面临着找到好工作的难题。在大学的几年里，专业课老师一直在告诫他们毕业后很难找到与专业对口的工作，要早做准备。这严重影响了他，使他在很长一段时间内都想着转行。又因为担心大学毕业后不能养活自己，所以建强早在大三就已经开始为找工作进行准备了。

2008年5月，建强正在读大三第二学期，就拿着精心准备的简历，抱着试试看的心态，和学长们站在同一起跑线上，等待着面试官的考核。可能是因为上天眷顾，也可能是因为建强初生牛犊不怕虎，在招聘会上非常踊跃地投递简历，所以面试结束后，建强收到了5家单位的录取通知书。这些单位并没有因为建强是大三学生、没有工作经验就拒绝他，这让他感到非常欣慰。他选择了一个离杭州很近的城市开始了他的职业生涯之路。这里需要强调一下，除了大学毕业证之外，他早在大三就拿到了一个毕业证，在大学毕业之前总计拿到了两个毕业证。建强想,这也是他自己在面试时具有竞争力的一个重要原因吧!

在这里,我想跟很多还在读的同学们提个醒,大学期间不要只顾着享受恋爱的美好,抓紧时间让自己拥有一项将来可以养活自己的技能才是王道!

具体来说,不管什么时候,要想做好职业生涯规划,我们就要经历以下几个阶段。

第一个阶段,职场起步,打好基础。很多人在正式进入职场之前,对职场一无所知,甚至在真正进入职场之后,也对职场懵懂无知。在摸着石头过河的过程中,他们对于很多事情没有把握。其实,说职场就是战场一点儿也不为过,在进入职场之前,我们必须接受教育,坚持学习,获得更多的知识,掌握更多的技能,才能让自己以好的准备状态进入职场。进入职场后,大多数人都会度过3~5年的职场适应期,在此期间,他们会和自己较劲,有些人越挫越勇,有些人却颓然地放弃了。只有战胜自己,未来的职业生涯才会发展得更好。在此期间,绝大部分人发现在校园里所学习的那些知识,并不真正适用于职场,或者发现要对这些知识进行改造,或者明白了要学习新的知识,最重要的是还要积累相关的经验和人脉资源。

第二个阶段,职场升腾,形成规模。从初入职场的菜鸟,在经历了3~5年的积累和成长之后,我们有了一定的资本,各方面的能力都得以增强,职业水平也越来越高,所以可以在这个阶段里快速成长,提升和发展自我。当然,人的欲望总是无止境的,哪怕面对职业发展,我们也会有各种各样不切实际的幻想。在此期间,总是好高骛远可不行,而是要脚踏实地,做好选择和取舍。正如孟子所说,"鱼和熊掌不可兼得也"。怎么办?只能权衡利弊,进行取舍。在必要的情况下,还可以进行整合,融入团队之中,借助于团队的力量去做想做的事情。

在此期间，我们一定要擦亮眼睛，切勿被中看不中用的花拳绣腿迷惑。毕竟如今我们已不再是职场菜鸟，对于职场上的门道已经有了一定的了解，就更应该充满自信地在职场上尽情发挥。尤其是那些得到宝贵的机会进入大企业工作的人，更应该把握各种机遇，努力提升自我，发展职业生涯。

第三个阶段，也是职业生涯发展中最重要的阶段，那就是寻求突破，勇敢转型。经过了前两个阶段，进入第三个阶段的人大多数已经人到中年，通常在35岁以上。可以说，这是职场发展的黄金时期，事业小有成就，工作出类拔萃，不再是初入职场的菜鸟，而是成为公司的中层管理者，收入可观，地位尚佳，看起来春风得意，年轻有为。恰恰是在这个时期，每个人最应该引起足够的重视，也要非常慎重对待各种选择。因为每一个看似不起眼的选择，都有可能关系到我们的未来，决定着我们的人生。

从家庭的角度来说，人到中年，已经成家立业，甚至有了下一代。那么在职场上有所动作的时候，再也无法随心所欲，而是要考虑到方方面面的因素。这是压力，也是动力。很多人因此而放弃职业突破，选择稳中求胜。殊不知，稳中既能求胜，也能求败。很多时候，稳定不是岁月静好，而是人生的囚牢。在中年时期，如果不能突破职业发展的"瓶颈"，让自己始终局限在"瓶颈"之中，那么等到过了这个阶段，再想获得成功，有所突破，就会很难。很多成功人士是在35岁前后进行创业的。当然，我们所说的突破"瓶颈"不仅仅指的是创业，而是谋求突破，甚至是转型。所谓转型，有人将其理解为跨行，其实转型也包括调整职业规划，例如从业务人员转型为管理人员，从技术人员转型为行政人员等，这都属于转型的范畴。跨行则是需要慎重思考的，如果不是无法继续从

事此前的行业，或者是转去从事前景一片大好的朝阳行业，否则不要轻易转型。

每个人的职业生涯发展不仅仅关系到自己，也与家庭生活密切相关。寻求突破最重要的目的，是让我们不要沉浸在岁月静好的假象中，而是始终保持积极向上的姿态，拼尽全力创造更美好的未来。如果幸运地进入职业生涯规划的第三个阶段，那么恭喜你，这至少说明你在前两个阶段中的表现可圈可点，而且非常成功。只要能够在第三个阶段中取得决定性的胜利，那么你就将在未来获得更为辽阔的天地和更为广阔的舞台，真正进入"海阔凭鱼跃，天高任鸟飞"的畅意人生。

不管想要拥有怎样的职业发展，收获怎样的圆满人生，我们都要坚持一个原则，那就是规划宁早勿迟。越是及早规划，我们越是能够尽早把握人生；越是拖延规划，我们越是会浪费宝贵的青春时光，在懵懂中度过更漫长的岁月。人生虽然漫长，却也短暂。对于每个人而言，最宝贵的年轻岁月如同白驹过隙，一去不返。从现在开始，不管你正在读高中，还是大学，都马上开始规划自己未来的人生吧，选定自己想要从事的职业，有的放矢地学习，提升学习的效率，奔向人生的目标，让未来可期！

● 选己所爱：一个应届海外名校女生的职业选择之路

在面对职业选择的时候，很多人会感到困惑：一则他们不知道应该选择什么行业、什么职业；二则现代社会人才济济，如果说前些年有出国留学的经历还能为我们的求职就业带来更多机会，那么随着海归潮到来，越来越多的出国留学人士回到国内来争抢饭碗，则使就业的市场形势更加严峻。

在如此激烈的竞争之中，作为一名女生，又应该何去何从呢？如果家里毫无背景，脚踏实地地努力奋斗算一条明确的道路；如果家里还算有背景的，甚至堪称实力雄厚，那么就需要认真思考自己的未来规划，才能选定人生的道路。这个群体可能会面临这样的选择困境：毕业之后就回家继承家族企业，心有不甘；独自一人在外打拼，父母不甘。如何才能在父母的殷切期盼和自己的理想之间寻找到平衡点呢？这是一门艺术。

不久前，一位女性企业家通过微信联系我。原来，她的女儿雅琪在海外名校读硕士，即将毕业，她很希望女儿毕业后能够回到宁波工作。但是，雅琪却想留在海外，或者至少也要去一线城市打拼。这是我第一次被委以这样的重任，我能感觉到这位女性企业家虽然有着女强人的雷厉风行和铁腕手段，但是她内心深处非常疼爱女儿，不想采取任何强制的手段逼迫女儿回家。幸运的是，她很明智，知道很多问题要交给专业人士解决，因而找到了我。

经过女企业家的一番介绍，我得知雅琪从小就是不折不扣的学霸，一路绿灯考入英国的一所著名高校，学习市场专业。这位女企业家事业有成，企业规模很大，而且正处于蒸蒸日上的良好发展态势，自然希望女儿能承母业，进入她的企业中接受锻炼，快速成长，为将来接手家族企业做好准备。我不由得对雅琪产生了浓厚的兴趣，在和女企业家约好见面时间后，我一直期盼着见面的日子早早到来。

没过多久，就到了约定的日子。上午，女企业家将女儿带来我的办公室，还带来了女儿的全部资料。我不但认真看了资料，还通过询问雅琪得知，她在大学期间学习了哪些课程，以及在大学期间的实习经历。这是一个非常优秀的女孩，不但是学霸，还貌美如花，性格开朗。我深深地感到，如果雅琪大学毕业后回到宁波，就是浪费了她的才华。相比起宁波，她更应该去北上广等一线城市锻炼，这样才不枉费她这么多年来的寒窗苦读，也才不浪费她这么优秀的学习成绩和突出的实习表现。

当然，不管是母亲，还是我这个咨询师，都不能代替雅琪做出决定。我询问雅琪："毕业之后，你想去哪里工作？"雅琪毫不迟疑地回答："我当然想去世界五百强企业工作。""那么，你有什么具体的规划吗？"我沉吟着问。她思考片刻，才很慎重地回答我："虽然我想成为一只自由自在飞翔的鸟儿，但是我也知道妈妈对我寄予厚望，所以我也会考虑妈妈的感受。我初步计划去五百强企业锻炼3年，积累工作经验，然后回到宁波发展，帮助妈妈打理家族企业。"我赞许地点点头，用鼓励的目光看着她。她继续说："我性格外向，而且在学校里主修市场专业，所以我想向市场方向发展。"看着雅琪眼中的光，我说："选择市场专业，的确很符合你的专业方向，而且通过短暂的交谈，我能够感觉到你的个性爽朗热情。如果你已经明确了市场方向，那么就要选择自己感兴趣的行业或者产品，这样才能在兴趣的激发下坚持长期工作，有所积累，为将来帮助母亲打理家族企业奠定基础。"雅琪听到我对她的规划持有赞同的态度，忍不住露出了笑容。就这样，我的身份有了微妙的转化，原本我是受她母亲的委托说服她一毕业就回到宁波工作，现在我却要说服她母亲支持她的想法，给她3年去五百强企业锻炼自己，快速成长。

经过一番沟通，女企业家对于我头头是道的分析连连点头，最终采纳了我的建议。经过一番商议，我们都认为雅琪最好能够去上海或者杭州发展，一则这两个城市有很多的就业机会，杭州是互联网行业的天堂，上海则聚集了很多的世界五百强企业的中国区总部。熟悉市场的人都知道，能去企业的总部发展是最好的。当然，进入企业的总部并不是一件容易的事情，但是雅琪此前就有在五百强企业实习的经历，已经经历过五关斩六将的激烈面试，所以我相信这对于她而言并非难事。当然，作为母亲有一点点的私心，那就是上海和杭州离宁波很近，这样一来她随时都能去看望女儿，再也不用忍受远隔大洋的思女之苦了。

我们的谈话才过去半个月，我就从女企业家那里得知，雅琪得到了两个机会：一个机会是成为一家知名上市银行上海总部的市场管培生，另一个机会是成为一家世界五百强企业中国区总部的市场管培生。这两个机会都很诱人，一时之间，她们不知道应该如何选择，所以又给我打电话。我不假思索地告诉女企业家："如果有去世界五百强企业工作的机会，就应该毫不犹豫地选择去外资企业。这样的机会是非常难得的，更重要的是上次见面时雅琪明确说她喜欢这样的行业和职位。随着人工智能时代的来临，银行业的竞争会非常激烈，必须有一定的资金资源和业务拓展能力，才能在银行业中得到持续的发展。"我的意见非常明确，就这样，雅琪最终选择了去五百强企业工作，开明的女企业家也尊重雅琪的决定，而且很支持雅琪。她们母女二人再也不会为了到底去哪里工作而争吵了，因为她们做了约定：3年后，雅琪积累了足够的工作经验，就回到宁波发展。

高考时，面对孩子的专业选择，很少有父母能够完全尊重孩子的意见。大学毕业后，面对孩子的就业选择，更是有很多父母忍不住对孩子指手画脚。

雅琪很幸运，她的妈妈很尊重她，也愿意与她沟通和协商。最终，雅琪找到了自己心仪的工作，没有辜负自己此前的努力，不仅拥有了选择的权利，也得到了母亲的认同。在工作的过程中，雅琪表现出了超强的综合素质，对待工作积极主动，深得上司的喜欢。上司很想培养雅琪，因而让她在公司内做跨部门轮岗，这使她获得了普通职员无法获得的学习与成长的机会。才工作一年，就有猎头致电雅琪，希望能为她推荐更好的工作机会。雅琪是一个明智而又理性的女孩，她始终牢记我的话，把心静下来，留在公司里继续脚踏实地地工作。在这里，不得不对职场菜鸟说的是，切勿这山望着那山高，对于每一个人而言，如果不能沉下心来在一家企业工作至少3年，就不可能有所收获，更不可能有所沉淀和成长。

面对人生的各种机遇和挑战，我们固然要努力抓住千载难逢的好机会以谋求发展，同时也要坚持做自己。要想做到这一点，我们就必须懂得怎样选择。不得不说，学会选择也是一种真正的能力。也有人说，人生正是由一个又一个的选择组成的。最近我跟女企业家也就她女儿雅琪的最新职业发展情况做了沟通，她告诉我，雅琪在经历了3年的世界五百强公司规范化训练之后，个人获得了极大的成长，收入得到了极大的提升。此时，女企业家早已改变了最初的想法，看到雅琪在那么大的平台上依然能够崭露头角，她非常骄傲，非常自豪，更加支持雅琪的发展。

在这个世界上，没有任何人能够代替我们走好人生的道路。尤其是在面对人生岔路口的时候，我们固然要听取他人的意见，却更应该倾听自己内心的声音，根据自己心的指引去选择人生之路。

● 淡定平和：改变可以改变的，接受不能改变的

这是一个唯物主义的世界，人固然是主观动物，会对外界进行主观的认知和理解，但是并不能改变世界客观存在的本质。很多人发现，在现实的生活中，我们虽然可以努力改变很多事情，对于那些客观存在的一切，却往往无力改变。因此，我们常常容易陷入与自己较劲的困境中，不管多么努力都无法与自己达成和解，也有人就这样穷尽一生与自己别扭着，荒废了一生，也虚度了一生。真正明智的人会知道，对于可以改变的一切，我们要努力改变；对于不能改变的一切，我们却要学会接受。这才是明智者所为。

做人，不管是对待生活还是对待工作，都要有一颗淡定平和的心。很多看似不可能接受的事情，横亘在我们面前，只是因为我们不愿意接受而已。正如人们常说的，心若改变，世界也随之改变。如果我们能够调整好心态，意识到很多事情都是合理存在的，并不会因为我们的主观意志而发生改变，那么我们就会敞开心扉接纳一切。似乎在一瞬之间，那些我们曾经坚决拒绝接受的事情，似乎就改变了面貌，不再面目可憎，不再惹人生厌。其实不是它们变了，而是我们的心变了。明确了这一点，我们还有必要自己与自己较劲，与人生较劲吗？

在这个世界上，一切事物都处于瞬息万变之中，人和人生都是如此。各

种各样的事物之间有着千丝万缕的联系，看似不相干的事情也可能会彼此联系，彼此影响。所以即使在竞争激烈的职场上，我们也要平静淡然，也要从容以对。每一个成功者都不是靠着急功近利获得成功的，这正应了古人的那句话，有心栽花花不开，无心插柳柳成荫。纵观古今中外的成功者，无一不是有大智慧、大境界的人。

在进行职业生涯规划的过程中，以及通过面试很多候选人，我积累了很多个案，其中很多是关于职场人士遭遇困惑的。面对自身的职业困境，绝大多数职场人士会提及公司的诸多问题，而自视甚高，把自己夸得如同一朵花，总是觉得自己怀才不遇，没有合适的平台发挥能力。在对公司的各种诟病中，他们说起老板或者上司就苦大仇深，满腹委屈和牢骚，仿佛他们所有的不幸福和不如意，都是老板和上司造成的。也有些人宁折不弯，一旦和老板、上司相处不愉快，就马上辞职，跳槽。可是试问：有谁能保证只要换一家公司，你就能遇见自己喜欢的人呢？当然没有人能保证，即使你自己也不能保证。一个人即使再完美，也不可能得到所有人的喜爱；反之，一个人即使再不完美，也不可能没有朋友。所以我们既没有必要盲目地改变自己去迎合他人，也没有必要强求他人必须达到我们的满意，让我们喜欢。做好自己，怀着宽容的心对待他人，我们的职场之路才能走得更平顺。人际关系对于每个人而言都是难题，不管走到哪里，我们都必须学会与人打交道，才能有融洽和谐的人际关系，也才能助力自己的发展。在诸多类型的人际关系中，同事关系又是最为特殊的。同事关系不同于朋友关系可以掏心掏肺，同事之间存在竞争关系，也许会钩心斗角，针锋相对；同事关系又比普通的人际关系更近一步，同事之间常常需要合作，尤其是同一个小团队里的同事，更是要精诚团结。如果同事之间不是平级关系，而是上下级关系，那么就更要慎重处理。总而言之，职场上的各种关系错综复杂，各种情况也都可能会接连发生。我们要心怀坦然，淡定平和，才能处理好各种事情，也才能维系好各种关系。尤其是对于上司或者老板，更是要好好相处，这才有利于我们的职业生涯发展。以下总结了和老板相处的各种不融洽情况，可以作为参考。

第一种情况：得不到老板的赏识和信任。

人在职场，常常为得不到老板的赏识和信任而苦恼，毕竟作为职员权力有限，很多时候需要得到授权，才能放开手脚去做想做的事情。如果不被老板信任，做事情的时候常常会有束手束脚的感觉。尤其是有些职场人士明明非常努力地争取在工作上有最好的表现，但是老板却不认可他们的付出，也不赏识他们，这让他们感到很委屈。不得不说，有这样心态的人都很幼稚，他们也许并不适合职场，而更适合去幼儿园。在幼儿园里，老师必须争取关注到每个孩子的不同。而在职场上，每个人都有自己的目标，也有自己的理想，所以哪怕我们是在为公司工作，实际上也是在实现自身的价值，或者想功成名就，或者想赚取更多的金钱，归根结底，我们是为了自己。对于自己的付出，我们心知肚明就好，报酬只是我们工作的第二收获，经验才是我们工作的第一收获。哪怕有一天我们离开了此前工作的公司，曾经赚到的薪水也都花完了，我们还可以带着宝贵的经验奔赴更美好的未来。只有想清楚这一点，我们才能主动加班，才能积极地去做自己的分外之事，从而让自己得到历练，得到成长。

第二种情况：老板从未授权给我。

职场上不同的岗位有不同的工作内容，也有不同的工作权限。很多对待工作兢兢业业，也有想法的人，都想得到老板的授权，似乎只有这样才能表现出他们的与众不同，也才能让他们觉得高高在上。如果职位的变迁就意味着权限的改变，那么为何不通过正当途径获得晋升，而非要让老板私下授权呢？这显然是为难老板了。

其实，职场上的权限除了来自职位之外，还来自我们在工作中的表现。如果你已经是公司的基层、中层甚至是高层管理者，那么你无须标榜自己的能力有多么强，也无须一而再再而三地和老板要权限，而是要埋头苦干，争取更上一层楼。这是因为权限还来自权威。让自己成为职场上的权威人士，这会帮助你得到更多人的尊敬和崇拜，使你形成超强的影响力。这样一来，你就拥有了比职位权限更大的权限。对下，你要能为下属赋能，帮助他们取得更好的工作成绩，这不仅仅能体现你的能力，也能体现你的人格魅力。对上，你要不卑不亢，在关键时刻要能够为上司或者老板排忧解难。当你用事实证明了你是可以信赖和托付的，你不但能够得到老板的授权，还能够得到下属的拥戴。

第三种情况：为何老板不听我的话？

在工作过程中，我们有时会与老板观念不一致。我们坚决认为自己是正确的，因而与老板据理力争，想方设法地要说服他们。也许，我们心里还觉得老板也不过这样呢，从而还可能产生对他们不屑一顾的念头。朋友，你又错了，即使一个老板看似普通和平庸，也一定会有超乎寻常的意志力，也会有我们还没有见识的能力。既然作为下属，我们就一定要尊重老板，而切勿挑战他们的权威。与其一味地指责老板是错的，不如放下成见和偏见，了解他们的思想与行为，了解他们的工作作风，了解他们的工作意图，然后积极主动地开展本职岗位的工作。在完成本职工作且还有剩余时间的情况下，我们还应该主动帮助其他同事，尽量了解更多岗位的工作流程。

没有任何老板喜欢一个"不听话"且与自己针锋相对的员工，作为员工，首先要听从老板的指令，接着才是发挥主观能动性，尽量优质地完成工作。在军营里，人们常说执行命令是军人的天职，在职场上，执行工作安排同样是职员的天职。每个人都是自己的战士，我们要一直以战斗的姿态开展工作。在与老板观念不一致的时候，我们不仅要以换位思考的思维方式尽量理解老板的管理意图，更要以高度的责任心来承担工作职责，真正做到心与身同时坚守在岗位。如今，已经进入了经济快速转型与共享经济的时代，每个人要想在职场上得到良好的发展，就必须高度职业化，树立个人的职业品牌。

心若改变，世界也随之改变。在职场上，我们更是要端正心态，才能应对瞬息万变的职场情势，也才能在人生的道路上始终坚持不懈，勇往直前。很多人爱看金庸的武侠小说，对于书中的各位大侠都非常钦佩。那些武功达到化境的大侠，有一个共同点，那就是他们的武功都不花哨，而是大智若愚，大巧若拙。例如《射雕英雄传》中的郭靖，只以一招降龙十八掌就能成为大侠，堪称武功界的传奇。时代也正在对我们出招，招式繁复，速度飞快，令我们眼花缭乱。面对外界，切勿着急，而是要笃定内心、固守内心，这样才能在最短的时间内就以一招制敌，获取胜利。宠辱不惊，闲看庭前花开花落，去留无意，漫随天外云卷云舒，你做好准备应对职场了吗？

● 稳中求胜：没规划，请不要轻易变轨

众所周知，当职业生涯发展遭遇"瓶颈"，无法突破的时候，我们是需要转型的。然而，很多人对于转型的理解很狭隘，他们简单地认为转型就是换工作，而且是频繁地换工作。不得不说，这是对转型的误解。如果转型这么容易，为何还有那么多人面对转型犹豫不决、迟疑不定、思前想后呢？这告诉我们，转型从来不是一件容易的事情，不仅牵涉到职业生涯的方方面面，也对我们的人生起到决定性作用。很多人坐过火车或者高铁，在全国乃至全世界复杂的铁路网络中，每一辆车的发车时间、间隔时间和到达时间，都是要精准控制才能变轨的。其实，在人生之中，关于我们职业之间的转换，道理何尝不是如此呢？

毋庸置疑，转型是非常重要的。我们要正确了解转型，也要把控最佳的时机转型。现代社会，有很多年轻人换工作如同换衣服，三天两头地转型，还以此为骄傲，实际上他们与转型根本沾不上边，因为他们连型都还没有呢，谈何转型啊！曾经有人说，一个人至少要潜心研究一个行业3年，才算初步了解了这个行业。所以对于那些三两天或者三五个月就轻易变换"跑道"的人来说，不要觉得自己很酷。蜻蜓点水的工作方式，使他们虽然从事过很多行业，却对每一个行业都很陌生，了解粗浅。在频繁换工作的过程中，他们的心态越来越浮躁，内心越来越慌张。在面对各种抉择的时候，我们固然要稳准狠地下

手,却也要注重稳中求胜,需要持续积累。接下来要讲的,是一个男士在3年里换了8个岗位的工作经历。

有一天,我接到了一个陌生的电话,电话里传来一个年轻而又焦虑的声音,他说:"葛老师,您好,我大学毕业快3年了,换了8个岗位,这8个岗位属于不同的行业。我尝试了这么多,却依然很迷惘,直到现在也不确定自己到底应该从事哪个行业。请您帮帮我吧,万分感谢您!"听到这样的开场白,我觉得很晕,也很蒙圈。大学毕业后最为宝贵的3年,这个年轻人就这样在频繁换工作的过程中度过了,而且还是跨行业换工作,这简直就是在浪费时间。我虽然觉得自己阅人无数,却对电话那头的年轻人产生了浓厚的兴趣:他是一个怎样的人呢?为何要这样频繁地换工作呢?他现在为何又不想继续换工作了呢?

很快,我就与年轻人见了面,暂且称他小Q吧。才刚刚见面,我就迫不及待地打量小Q。小伙子看起来落落大方,很精神。经过短暂的交谈,我了解到他有广泛的兴趣,喜欢健身、徒步、阅读,还喜欢旅行。我问他:"你大学里学的是什么专业?"他坦诚地告诉我:"外语专业。"我追问:"那么,你在眼下的这份工作中需要用到外语吗?"他羞愧地低下头,回答我:"大学就是玩过来的。当初,老师苦口婆心地劝我们一定要好好学习,将来才能找到一份好工作,但是我们全都沉迷于打游戏,三心二意学的那点儿语言知识,现在都已经还给老师了。"我很纳闷地问:"当初,谁让你学习语言专业的?"他有些惊讶地看着我,似乎不明白我为什么会问这个问题,沉思片刻才说:"我自己选的。"我更疑惑了,问他:"既然是你自己选择的专业,为何进入大学之后不好好学习呢?你为什么选择这个专业?"他一脸茫然,告诉我:"我也不知道。"

我恍然大悟：难怪他毕业3年还在跳槽呢！

对于所有人而言，大学都是一生中最好的学习平台，大学时期都是一生中最好的学习阶段，因为大学里有最好的学习资源和最浓郁的学习氛围。一个人如果在大学里都不想学习，可想而知，他走入职场之后更不会愿意学习。

度过了3年紧张的高中生活，进入大学后，很多学生感觉自己处于失重的状态。大学里宽松自由的学习氛围，使他们突然之间失去严厉的监管，再加上缺乏自制力，他们在学习上很容易失控，因而就沉迷于各类游戏或课外活动，完全把学习抛之脑后了，这非常可惜。

接下来，我和小Q详细讨论了他的职业现状，还重点讨论了3年换8份工作这件令人匪夷所思的事情。他反复跟我强调，每次换工作都是因为企业、老板、公司氛围，等等。他委屈地诉说了很久，从未提到他自身的任何原因。言谈之间，他给我的感觉就是：哥不开心，就要辞职；哥还年轻，可以折腾。但是，说到最后，他非常失落、非常沮丧地说："现在，我感到特别尴尬，在人才市场里，除了那些中年人，全都是应届毕业生，仿佛我这样毕业3年的人都凭空消失了。"我忍不住笑起来，说："哪里会凭空消失呢？他们只是处于稳定的状态，不需要去求职而已。"

我帮助小Q对8份工作逐一做了复盘，又引导小Q认识到，对每一次辞职他自身都是主要原因，而不管是公司还是老板，都是次要原因。例如，他缺乏对行业及岗位的正确认知，不清楚自己到底适合做什么岗位；他潜意识里很怕苦怕累，一旦遇到困难就会退缩；他始终为了找工作而找工作，在工作的过程中缺乏动力。

作为一名本科生，他毕业3年了，依然在最基层的岗位上，拿着4000多元的月薪，从未得到提升。如果他不能改变对于自己的认知，未来仍然无法得到提升，而且还随时都有可能被初入职场的新人所替代。

首先，潜心下来，沉得住气，认知自己。常言道"3年入行，5年懂行"就是告诉我们不管从事什么行业，都至少要用心坚持5年以上，才有可能成为业内的行家。人人都懂得这个道理，但是每当在从职业生涯到事业生涯的发展过程中遭遇困难和诱惑的时候，就有很多人轻易转行。正是因为有他们的存在，所以成功路上并不拥挤。不管什么时候，我们都要牢记一个道理：稳得住，出资；熬不住，出局。命运只会眷顾用心尽责的人，面对同样的机会，我们一定要做好准备。

其次，控制情绪，主宰自己，驾驭职场。除了上述原因之外，小Q作为新人，还不知道如何尽快融入角色。职场上有很多潜规则，每个公司都是如此，而且职场上的人际关系非常复杂，偏偏小Q很不善于控制自己的情绪，常常会冲动，会情绪失控。针对他这个方面的特点，我建议他深入了解公司文化、公司流程、上司对工作的要求等，从而有效地开展工作。对于所有的职场新人来说，工作中多听、多问、多记录、少说，都是获得认同的不二法宝。职场就是这样现实，不会容忍任何人放纵自己，而必须凭着实力为自己代言。

最后，找准方向，准确定位。船只在大海上航行时，离不开罗盘和指南针的指引，年轻人在职场上打拼，离不开定位和方向。当然，作为一个非本地户籍在宁波读大学，毕业后一直坚持在宁波工作的年轻人，小Q虽然不断变换"跑道"，但却能够坚持下来，这是非常不容易的。对于每个人而言，生存是最大的能力。在生存的基础上，我们要深入挖掘自身的潜能，激发自身的潜力，这样才能更快速地成长。

经过沟通，我了解到小Q倾向于从事市场营销策划类岗位，经过前期沟通和专业测评，再结合他此前的工作经历，我最终给出了建议：从事"互联网+"方面的新媒体营销策划工作，但在能力上需要通过快速学习，掌握新兴的互联网营销策划的手段和操作相应工具的能力，例如H5新媒体的文案、编辑能力等。当然，现在网络上有很多开放式的课程可以用低廉的价格购买，进行学习，这是以他目前的经济状况也可以承受的。最重要的是，他最近的工作经历是在一个互联网新媒体运营平台从事市场营销策划方面的工作，我衷心地希望他这次能够好运，并能坚持不懈。

没有规划就转型，是冲动之举，是对自己不负责任的表现。每一个年轻人在职业道路上，都要非常慎重，切勿以年轻为资本，随意挥霍宝贵的青春年华。越努力，越幸运，在努力的前提之下，我们还要把努力的结果贯穿起来，这样才能得到持续积累，产生良好的效果。

每一份职业都值得我们用心对待，有人选自己所爱，有人爱自己所选。现实常常充满无奈，我们如果不够幸运，不能从事自己喜欢的工作，就应该积极地投入自己现在的工作之中，将其作为事业去发展。珍惜眼下的这份工作吧，如果你觉得自己能力有欠缺，就要努力学习；如果你不喜欢某个同事，就要说服自己喜欢，毕竟即使换一份工作，也未必能够喜欢遇到的所有人。转型固然是突破"瓶颈"寻求发展的好方法，却也要稳中求胜，才能达到预期的结果。很多时候，我们不能改变外界的一切，却可以改变自己，了解这个事实后，那就加油努力吧，这样才能遇见更优秀的自己，成就更精彩的未来！

●聚集能量：如何尽快找到你的职场能量

每个人都处在快速变化的市场环境之中，在职场激流的裹挟下，每个人的职业发展都是不确定的。为了顺应时代的潮流，稳步前行的旧法则早已失效，正所谓"逆水行舟，不进则退"，每一个人都必须拼尽全力适应新的职场环境，提升自己的职场能量，才能谋求更好的发展。然而，很多人惊恐地发现，对于聚集职场能量，经常有一种无从下手的焦虑和恐惧，更不知道怎样才能尽快走出职场的困境。

那么，什么是职场能量呢？直白地说，职场能量就是能够助力我们度过职场困境的能量。可想而知，职场能量来自我们的内心。很多人面对职场困境束手无策，甚至选择放弃，任由事情发展。不得不说，这种消极悲观的心态只会损耗能量，而不能帮助我们积聚起更多的能量。要想让自己充满力量，就一定要动起来，要告诉自己办法总比困难多，也要告诉自己笑到最后的人才是笑得最好的人。在寻求改变的过程中，我们的决心要大，行动要果断，要在行动之前进行系统规划，才能拥有超强的自我驱动力，才能真正实现自我的价值。

具体来说，要想顺利找到新的职业航道，达成转型和升级，需要快速行动，采取以下的方法有助于我们获得成功。

第一，进行自我认知，充分挖掘潜力。

人必须深入挖掘自身的职业技能，准确评估自己的市场价值，明确对于成功的定义和态度。目前，市场上有很多专业的个人评价及测评工具，可以进行自我认知和测评。此外，借助专业的职业生涯咨询机构来做第三方的测评，也是自我认知的一个捷径。

心理学家经过研究发现，每个人都是有潜力的，最终能够开发多少潜力，取决于主观的意愿和行动力。有人说，即使是那些伟大的科学家，也只是用了10%的潜能，由此可见，人是一个多么丰富的宝藏啊！所有的企业都喜欢脚踏实地的员工，而不愿意与不能清晰认知自我的人合作。成功的道路千万条，每个人只要用心，总会找到真正适合自己的发展道路。

第二，探索市场，借势出击。

每个人都有好奇心，有的人好奇心很强，对于自己想要弄清楚的事情，大有不达目的誓不罢休的势头，这是个优势。我们要对外部世界探出好奇的触角，扬起乐观的天线，感触外部市场快速发展的趋势，通过追踪创新热点及其趋势，明确我们的能力与外部的各种契机之间存在哪些连接点，这样才能借助新兴市场的巨大风口，成功实现自我。比如少儿教育培训行业、区块链技术的市场应用项目，都炙手可热。

敏锐的人总是能找到市场的热点，成功实现自我。在接下来的人工智能时代，未来最有前景的职业，一定是深入情感交流的职业，比如专业的护士、生涯规划咨询师、心理咨询师、企业家和创业者等。

第三，人脉链接，贵人助力。

当你在向内认知和向外探索的同时，你一定要利用好各类资源，特别是多参加一些有意义的社团活动，比如各类演讲会、读书会等高端社群活动，梳理好能帮你产生重大价值的人脉关系网络，并持续维护和建设好人脉关系。关系不是需要的时候才去维护的,而应该在日常生活中多多用心维护,这样才能在需要的时候有所助益。

很多成功者是资源整合的高手,拥有良好的人际敏感性。他们朋友遍天下,道路千万条,身边还有很多贵人相助。正因如此,在成功的道路上,他们才能少走很多弯路。也许有人会说自己不认识贵人,没关系,如今结识贵人的渠道很多,除了偶遇之外,还可以有意识地结识贵人,例如向专业的职业生涯咨询师进行咨询。职业生涯咨询师不但有专业知识,也因为工作的原因认识很多企业老总、成功人士等。

现在,我之所以从事职业生涯规划咨询的事业,也要感谢慧眼识珠的老领导,是她让我进入了人力资源管理岗位,让我找到了真正适合自己个性及全心热爱的事业。她是我真正的贵人。

第四,设计方案,规划发展。

在认清自身和外部市场趋势之后,要迅速打开你的想象力,好好规划你的理想蓝图,设计个人生涯发展方案,考虑到各种可能遇到的困难和变故,逐一设计预防措施。我们发现,很多人自身能量不足,是因为持续的学习不够,比如持续进行学历提升。目前,市场上总监以上职位的高管,一般均需要硕士及以上学历。如果你还是一个大专或本科,你认为还有多少的老本可以让你吃呢?

寻找方法,不断让自己适应新的角色及定位,能够最有效地积聚能量。我的一位咨询者多年来一直是传统制造业的培训经理,也曾短期创业,她意识到"互联网+"是非常有发展前景的行业,却不知道如何进入这个行业,就来请教我。我给她建议:结合之前的工作经历,向着"互联网+培训"方向发展。后来，她成功帮助多个互联网的大V打造粉丝群体，通过社群运营达成了转换。在此过程中，她的身价快速增值。

第五，精益求精，止于至善。

此时此刻，我们不妨多问问自己："5年之后，我在哪里？"明白这个问题，对于我们走好眼下的职业道路大有好处。当你真正想清楚了自己的未来，你就可以迈开自信的步伐，快速向着目标前行。记住，切莫回头，向前看，向远方看，你的未来一定会有无限可能。有时候，人必须走出舒适区，在必要的时候还要逼自己一把，这样在若干年之后才会感谢当时的自己。

能量，是一切事物保持运行的关键，也是人生的动力所在。职场能量，则是我们在职场中大显身手的驱动力。为了积聚更多的职场能量，我们既要从以上五个方面做好自己该做的事情，也要根据自身的情况，发掘自身的能量，激发自己的兴趣、热情，让自己如同动力十足的马达，始终动力强劲地朝着未来奔去。

●质的飞跃：突破和改变个人职业生涯迫在眉睫

西方的民间传统节日——愚人节是4月1日，也称万愚节。对于愚人节的起源，众说纷纭：一种说法认为这一习俗源自印度的"诠俚节"。"诠俚节"规定，每年3月31日，情侣之间可以互相愚弄、欺骗，进行娱乐。另一种说法认为愚人节起源于法国。1564年，法国规定废除以前以每年的4月1日为新年开端的历法，首先采用新改革的纪年法——格里历，也就是阳历，以每年的1月1日为一年的开端。有人乐意接受新事物，对此非常支持；也有人因循守旧，对此表示反对，所以拒绝更新。时至今日，全世界都以1月1日作为一年的开端，这说明新生的事物最终战胜了陈旧的事物，获得了本质上的胜利。

历史的车轮滚滚向前，没有谁能够阻止它前进的脚步，更没有谁能够让时光倒流。作为新时代的人，我们都要积极地接纳新事物，也要以积极的态度面对人生中的各种改变，例如职业生涯的改变。很多人之所以一生都在懊恼，不知道自己为何始终活在不如意的生活中，就是因为他们惧怕改变。也有人一生都从事自己不喜欢的工作，每天逼着自己去上班，每天逼着自己把工作做好，这多么痛苦啊！在此过程中，我们的敌人不是外界，也不是他人，而是我们自己。我们只有从心理上有所转变，才能接纳改变、迎接改变，从而热情地拥抱改变。生活需要改变，改变正是生命的本质。

今天，我接待了一位打"飞的"过来咨询的职场精英小F。他生于20世纪80年代末，已经超过30岁了。和大多数因默默无闻、对现状不满而来咨询的人相比，小F显然很不同。他经过打拼，已经达到了一定的职业发展高度，领导着很多学历、背景都比他更优秀的人。他在工作上的表现出类拔萃，就像冲锋陷阵的将军一样战无不胜。但是他很困惑，因为他不知道自己5年之后如何实现从职业生涯到事业生涯的转化，也不知道应该如何定位自己，为自己明确发展方向。所以他的诉求是需要我为他做一个3年的个人生涯发展规划。

从简单的沟通中可以得知，小F是一个很有危机意识的人，他并没有因为当下的一时得意就麻痹自己，更没有活在得意扬扬中丝毫不曾意识到危机的到来。这很好，至少他可以未雨绸缪，提前做好准备以应对竞争激烈的职场生涯。因为准备得从容而且充分，他甚至在某些特殊的时刻还能实现质的飞跃。他也代表了很多职场上年轻有为的职业人，他的困境也同样是他们的困境。"35 岁现象"告诉我们，如果一个人已经 35 岁了，能力却还是局限在基础岗位上，那么，他的未来是不会有什么发展的。对于而立之年的职场人而言，要想在 35 岁之后实现职业生涯发展质的飞跃，必须关注以下三个方面。

第一，提升知识结构。

小 F 大学毕业后创业 3 年，得到机会就加入了现在的公司，从最基层的销售业务员做起，直到总部的高管。他非常努力，现在是公司事业部的负责人。但是每当他静下心来思考自己这些年的成长，又感到非常困惑，觉得自己就像一个战士一样只知道冲锋陷阵，却从未停下来认真沉淀，更没有进行系统的学习，特别是学历的提升，始终都处于耽搁的状态，所以使很多下属的学历比他的学历高，这大概也是让他产生危机意识的一个重要原因吧。

职位的提升，意味着小 F 的思维和知识格局要脱离具体的执行层面，要把看待问题的眼光放得更高一些，更远一些；站在行业的高度、老板的高度及经营战略的高度，去想问题，去思考，成为一个具有远见卓识的人。也许，这就是我们要求高层必须具备的"经营思维"吧。

公司的高管，必须向行业里最优秀的人看齐，并以他们为目标，把他们作为修炼成长的榜样，一步一步弥补与优秀之间的差距。这个时候，在职学习、进修、培训等都需要提上日程，只有学会用新的知识充实自己的头脑，才能有底气。如果经济条件允许，还可以进入相关高校进修 MBA 或 EMBA 课程，这是非常有必要的，因为这不仅能让我们静心学习，梳理与提升自身知识结构,还可以让我们认识更多优秀的人,拥有丰富的人脉资源,为接下来从职业发展到事业发展转型做好资源准备。

第二,构建个人品牌。

30岁之后,每个人都应该有清晰的个人定位:我该干什么,适合做什么。定位必须清晰而明确,这样才能用接下来的5年去积累,从而有效地避免"35岁现象"在我们的身上上演。能否锻造他人无法超越的核心竞争力?你唯一的依恃,就是专业。

专业定位关键取决于我们做事是否聚焦,也就是用一句话就能告诉别人,我们是做什么的或者我们是怎样的人。我们是一流的职场精英,还是普通的上班族?差别就在这里!给自己一个专业定位,树立自己的品牌形象,会为你以后的职业发展增加更多有价值的筹码。

每一个行业的优秀人才,都要能够输出独特的思想,这离不开安静的思索。很多时候,一味地去想并不能帮助我们厘清思路,我们必须梳理自己的职业感知及对于事业的理解,最好能够形成文字。为什么有些人出去讲一次课就要好几万元?为什么有些人能够用自己的力量推动一个行业的发展?原因就是他们的影响力太大了,他们已经成为职场路标。你要想成为优秀的职场人士,也必须向那些最优秀的人看齐,树立在这个行业内的影响力,用你的思想去影响别人。

我建议小F,一定要认真思考,把自己对于事业的感触及经历写下来,并寻找合适的机会去公众场合推广,比如公司的内部培训、行业论坛、协会及专业学会的分享等。这样做的好处:一是能够树立我们在这个行业内的影响力;二是能够助力我们形成自己的知识结构。

这些独特的专业知识结构，也可以应用于实践，因为即使学习同样的知识理论，每个人的感受和心得也是不同的。写文章，就是总结和反思我们在实践中的感悟和心得。在这个过程中形成的知识结构，才能真正称得上"我们自己的"知识。

第三，用情怀及使命做事。

我曾经推荐一个财务高层小D去一家企业客户应聘。小D不注重外表，但是很有才华。幸运的是，我的企业客户并没有以貌取人，而是聘用了小D。我始终很担心小D不修边幅的形象不能符合企业对仪表的要求，因而在后续又对小D进行了跟踪回访。结果完全出乎我意料之外，小D不管是外表还是精神面貌，都明显发生了质变。我惊讶地询问那家企业的董事长，董事长告诉我，作为企业家的一个重要使命，就是能够度人。其实这并不难，每天只要实现一个细节的改变就可以，最重要的是及时认可对方，在工作上充分授权对方，因为只有信任，才是让具备主观能动性的部下发挥最大潜力的最好管理工具。

我的客户董事长具备企业家的精神，我们的职场高管何尝不需要企业家的精神呢？因为我们在工作中最重要的使命就是培养人才，我们必须意识到：我们的管理，将有可能改变下属的终身命运。那么，我们是否考虑过如何培养人才？如何带着使命感去做事？如何让自己具备企业家的精神？

事业小有成就的小F，仅从表面来看，他在职场上已经达到了一个高度，收入也非常不错，但是必须清楚工作真正的乐趣是什么。我们能否帮助身边的人挣钱，同时再来达己呢？这其实需要一种情怀。

人的一生光阴有限，无法做太多的事情，所以我们只需要聚焦于其中一件事情，并把它做得精彩绝伦就好。前提是，我们要带着使命感，主动付出。

让我们勇敢地追随自己的心灵和直觉去行动，只有心灵和直觉才知道我们的真实想法，其他一切都是次要的。跟随心的指引，我们才能去到想去的地方！面对纷繁复杂的生活和工作，我们可以找机会让自己静下来，放下一切事物，倾听内心的声音。

游刃职场：端正心态，避免职场"35岁现象"

仅从表面看来，"35岁现象"指的是个人职业发展处于困境。但是如果从更深层次进行分析，就会知道"35岁现象"与职场生态、社会舆论等外部环境密不可分。现代社会发展越来越迅速，整个世界都处于日新月异的变化之中。每个人要想得到更好的成长与发展，不管而立之年后的自己在职场上处于怎样的职位，都应该未雨绸缪，才能明智地做好各方面的准备，迎接35岁的到来。

从整个人生来看，20岁到40岁属于成年早期，而35岁恰恰位于这个时期的末期。在这个阶段，人们成家立业，不再是单身一人，所以除了要努力工作，肩负起供养家庭的重任，还要养育孩子。显而易见，明明是大有可为的时期，身心却都背负着更沉重的压力，而且精力也会被生活的琐事分散。那么，在这个阶段，如何才能避免"35岁现象"呢？这是每一个职场人士都要用心思考的。在这个阶段，很多职场人士陷入了焦虑之中，这是可以理解的，也是可以应对的。

  时代的发展瞬息万变，在逆水行舟的现状中，我们必须用发展的眼光看待问题，才能与时俱进。尤其是对于职业焦虑，更是要端正心态，从容应对。2018年，国家提出了推行终身职业技能培训制度，这就意味着，很多人将得益于系统的人才培养机制，让人生有更美好的前景，有更广阔的未来。古人云"兵来将挡，水来土掩"，我们也要顺应时代的发展和变化，更好地生存，争取做出成就。

  在咨询生涯中，我接触过很多35岁的职场精英人士，他们有着光鲜靓丽的外表，初看起来事业小有所成，小日子也过得很舒服惬意，对于现状还是非常满意的。他们之中，或许有些人想要更换跑道，却发现自身品牌影响力不足，而且自己对于未来的发展与定位不清晰，导致产生职业危机感，感到非常困惑。而立之年的职场人，要想真正成为职场的品牌人物，必须有清晰的自身职场定位，并且要及早进行规划，保持持续发展。切勿等到35岁的生日已经到来才感到忧虑，而应该在30岁之前，就对自己的职业生涯有非常明确的定位。早早进行职业生涯定位，做好职业生涯规划，能够对我们以后的职业发展起到决定性的影响。而要想做好这一切，必须做好以下四点。

  第一，具备处理好人际关系的能力。

  中国自古以来就是礼仪之邦，传统文化教会我们为人处世的道理，也告诫我们必须先做人后做事。作为一名职场人士，在真正成为职场达人之前，必须学会处理职场人际关系。职场人际关系是非常复杂的，包括处理好与上司和同事的关系。与上司的关系如何，在很大程度上直接决定了我们的升迁。我经常告诉身边的朋友："如果你与上司的关系不好，基本上也就意味着你在这个公司的职业生涯就此终结。"严苛的领导只要愿意带着你在职业生涯道路上飞驰，更能够帮助你快速成长。为此，很多人特别注重与上司搞好关系，而在无形中轻视或者忽视了与同事的关系。殊不知，与同事的关系好不好，决定了你是否具备"群众基础"，对于你的升迁也有至关重要的影响。得不到同事的支持，你就很有可能失去本该属于你的机会。要知道，很多机会不仅仅是因为你能力强就能够得到，良好的人际关系也很重要。换一个角度而言，就算你侥幸凭着实力得到了机会，但是因为你缺乏群众基础，所以你很难坐稳位置。由此可见，群众基础不但影响你能否得到机会，也影响你能否坐稳江山。正如古代的一个明君所说，"水能载舟，亦能覆舟"，就连高高在上的君主都需要具备群众基础，更何况作为普通人的我们呢？处理好人际关系，对于我们而言是至关重要的一项能力。

第二，具备终身学习的能力和顽强不屈的毅力。

每个人都要注重学习的重要性。很多人误以为只要离开了大学校园，人生就不需要再学习和充电了，其实这是非常错误的认知。现代社会知识更新的速度很快，一个人从大学毕业并不意味着他不再需要学习，而恰恰意味着他要进入人生中崭新的学习阶段，开始以各种形式坚持终身学习。

一家知名企业的人事总监告诉我，公司里有一个同事毕业于国内知名大学，在办公室工作了整整15年，迄今为止还是一个小小的办事员。我问："在这15年里，他有没有进行过培训、进修或者任何其他形式的充电？"他说："没有。""从来都没有吗？一次都没有吗？""从来都没有，一次也没有。"显而易见，这是一个非常极端的例子，但是这种自我冰封的现象在职场中却屡见不鲜，这是因为当事人把学习的起点当成了终点，在错误的时间选择了停止学习。

我有一个多年的好朋友，硕士毕业于美国知名大学计算机专业，回国后，她去了一家大型国有控股公司，从事办公室行政工作至今。每次我去她的办公室拜访她，都感慨她办公的环境非常舒适安逸，在羡慕之余，我也忍不住提醒她要坚持学习。她也曾跟我说，她没有发挥自己的专业，所以计划要去学习一些课程，避免安于现状。然而，她只是这么说，却从来没有真正展开行动。最近，我得知她动作频繁，却因为已经超过了35岁，而被一家家前景更好的公司拒之门外。谁知道呢？她也许是被年龄拦住了，也有可能是因为她从未坚持学习，一直在安逸的生活中保守现状，无法走出自己给自己设定的舒适区。

关于学习与成长，我们不妨问问自己：和上一年相比，我的专业能力明显进步了吗？对于本专业，我有自己独特的见解吗？在公司，我是否具备独当一面的能力？公司不能缺少我吗？我真正够专业吗？对于任何人而言，学习都是一辈子的事情，如果不能坚持学习，我们的职业发展就会原地踏步。我也曾经跟很多人提出建议：如果想在35岁前成为高层，至少要有硕士学历。很多人深以为然，但真正行动的人却少之又少。

第三，具备职业精神。

2000年，我入职国内某知名文具集团，开始从事人力资源管理工作。进入新的公司，走上新的岗位，我的新上司和我做了两个约定：首先，客观评价。作为人力资源管理者，我们不能轻易评价任何人，因为很多领导对来自HR部门的评价都非常敏感，所以我们必须客观谨慎地做出评价。其次，不要有私心。工作中有很多诱惑，不经意间，我们就有可能沦陷，在自己的职业生涯中留下污点。也许我们自以为做得人不知鬼不觉，但是我们的行为总会留下轨迹。古人云"若想人不知，除非己莫为"，我们也许能骗过别人，却不能让自己心安。所以，我们必须拒绝形形色色的职场诱惑，坚守本职工作，坚持职业操守，才能让职业道路远大光明。

人是需要有职业精神的。刚刚入职的时候，我对老师的这两个约定不以为然，但时间越久，我越深有感触，越发感觉到这两个约定的重要性。我经常跟候选人说"心正，才能无所畏惧"。其实，中国的传统文化，已经完整地帮我们整理出了职场规则。不管是在生活中还是在职场上，每个人都要树立自己的品牌。要想在一个行业持续发展，树立自己的职业口碑，建立自身正确的职业价值观，便至关重要。身在职场，我们能收获的无非是两种东西：一是成长，二是回报。在没有明确的目标之前，把眼前的事情做到极致，把所有你能够在这个职位上得到的东西，统统用自己最大的努力去争取得到，这才是职场人该有的积极态度。否则，如果总是以消极的态度对待工作，我们就会两手空空，毫无所获。

第四，要有强大的内心。

每个人的成长都不是一帆风顺的。苦难是成长最好的动力，强大的内心可以让一个人在绝望中看到希望，而消极悲观的内心态度只会让我们在希望面前错失良机。"物竞天择，适者生存。"优胜劣汰永远是自然进步的法则，每个人只有适应这个法则，才能在竞争激烈的社会中获得生存之地。纵观古今中外的职场，每一个成功者都是精神能量强大的人，他们的成功之路全都经历了苦难与挫折，只不过和常人不同的是，他们把苦难当成了成长过程中的试金石，坚持为每个职场发展步骤制定明确的职业规划及目标，所以他们才能战胜重重困难，成为最优秀的自己。

在一次线下生涯的沙龙活动中，一位从广东知名家电企业来宁波从事管理咨询的先生说，他在第一家企业工作了10年，在第二家企业工作了5年。

在这 15 年里，他都是负责与生产计划有关的工作，遇到的上司一个比一个苛刻，经常给他布置几乎不可能完成的任务，但他始终保持着学习的心态严格要求自己，不断给自己树立目标。比如对看似简单其实功能强大的 Excel 应用软件的操作，他的第一个目标是成为部门最优秀的操作者，后来真的成为公司最优秀的操作者，继而成为全镇企业管理人员中最优秀的操作者，直到最后，他成了整个城市中最优秀的操作者。他的成长一步一步脚踏实地，步步攀升，如果没有强大的内心，是根本不可能做到的。也正是凭借这样的工作风格，他树立了良好的职业口碑，机会也纷至沓来。周边很多企业来找他讲课或咨询，也正因如此，他才走上了咨询的道路。良好的聚焦及专业度，让他在宁波的制造业计划管理咨询项目中如鱼得水，发展非常好。

这位 Excel 大神之所以能够成功，就是因为他非常专注于聚焦。他告诉我，他就是想做制造业计划咨询的第一人；把自己做精、做深、做透，不需要太多高大上的噱头。他定位于帮助客户基层生产计划管理人员做生产计划能力提升的咨询，这个定位非常精确。每个人对于自己该干什么，适合做什么，都应该有一个清晰而明确的定位，这决定了我们能否闪亮自己的生涯舞台，锻造他人无法超越的核心竞争力。我们唯一的依恃，就是专业。给自己一个专业定位，树立自己的品牌形象，我们就能为以后的职业发展增加更多有价值的筹码，让"35 岁现象"不再发生。

在生命的历程中，一切该来的总会来，所以我们不要再为很多事情而烦忧，也不要单纯因为 35 岁即将到来就惴惴不安。只要我们未雨绸缪，提前做好准备，摆正心态，让自己对未来多几分把握，我们就可以从容应对 35 岁的到来，也可以坦然度过 35 岁的坎儿。

第三章

职场转型之规划篇

职场上,"35岁现象"很普遍,很多到了不惑之年的人,也因为处于职场高龄人群之中,而心怀忐忑。的确,不管是做人还是做事都要有危机意识,切勿今朝有酒今朝醉。如今,职场上从不缺少年轻人,在年龄上,很多中高层管理者并不占优势。虽然他们目前担任着企业的管理层,但是未来几年情势将会如何变化,根本没有人说得清楚。所以作为职场上的老人,是有必要对自己的工作进行长期规划的,或者让自己变得无可替代,或者继续深造,发展核心竞争力,只有这样才能为自己赢得一席之地。

●破茧成蝶：技术男华丽蜕变成为"男神"，担任公司掌门人

人到中年，虽然家庭稳定，事业也还说得过去，但是仍然有很多人陷入了困惑。这是因为他们在看似光鲜靓丽的外表下，隐藏着一颗不安的心。往下看，无数优秀的年轻人正在铆足了劲地往上爬；往上看，顶头上司还很年轻呢；往四处看，公司里的每个部门都一个萝卜一个坑，满满当当，没有任何空位。尤其对于那些吃"青春饭"的职业而言，前路似乎被堵死了，不管往哪个方向，前景都不容乐观。这可怎么办呢？

这，就是职场上尽人皆知的"瓶颈"期。之所以叫"瓶颈"期，而不叫"瓶底"期，是因为这部分职场人已经做到了管理职位，而不再是公司里最基层的员工，甚至有些已经是中高层管理者。如果只是处于"瓶底"期，那么至少无牵无挂，也没有什么值得留恋和舍不得的，当即就可以放下手里的一切，奔向更加崭新的前途。但是处于"瓶颈"期的人，看着眼前一切都还好的现状：放弃，舍不得；不放弃，又心有不甘。由此一来，就陷入了进退两难的困境中。如何打破僵局，是很多小有成就的中年人所要面对的困境。只有稳、准、狠，才能实现华丽蜕变，否则人生就会在进退两难中荒废。

凭借曾经在各大知名企业担任人力资源部门负责人，我积累了丰富的人脉资源，建立了很广的人脉网。2006年年初，朋友们得知我开始创业，从事

猎头工作，纷纷帮我介绍业务，其中一个担任银行行长的老朋友，给我介绍了生平的第一单猎头业务。

Z总一直从事传统制造业，有一家发展良好的公司。经过多年的经营，公司的发展已经步入正轨，他把公司交给职业经理人打理，自己和朋友们去玩乐放松。朋友们在一起吃吃喝喝，好不开心，因为都是做生意的，所以路子广，消息灵通，在闲谈之间就说要寻找新的投资项目。当时，Z总对电动工具的外贸很感兴趣，想成立一家电动工具贸易公司，聘请可靠的常务副总负责管理公司日常。当然，把新成立的公司交给常务副总管理是有风险的，为了降低风险，Z总希望常务副总要熟悉电动工具贸易，最好有在知名企业担任高管的经验，还要能够为公司带来客户资源。这些要求看似只有三两句话，实际上要求很高，很难完全实现。

宁波人都很热衷于创业，能够达到他要求的人才，有的虽然目前从事着职业经理人的工作，但是已经有了自主创业的打算，有的甚至已经从职业经理人成功创业，自己当了老板。我们对几家在电动工具行业名列前茅的贸易公司进行了详细了解后发现，大多数公司的老板亲自掌握核心业务，部门经理就是超级跟单员，很难拥有自己的客户群体，也并不能胜任管理公司日常的重任。

我们马上把了解到的情况反馈给Z总，尝试着说服Z总适当降低对人才的要求，从其他角度搜寻候选人。Z总这才意识到他的要求的确太高了，因而采纳了我们的建议。

很多人误以为猎头工作简单轻松，其实不然，要想寻找到一个合适的候选人，完成签约，往往需要3个月左右，有时也可能需要半年到一年。所以即使我们撒开兵马去寻找，也花费了1个月才找到两位相对合适的候选人。第一个候选人是 L 先生，他原在一家大型机械类国企从事技术管理工作，后来先在甬城的一家电工工具厂从事品质管理工作，又在一家知名电动工具贸易公司从事技术管理工作，兼任技术支持。他个性开朗，乐于助人，所以与很多业内工厂和国外客商保持着良好的关系。第二个候选人是 W 女士，她在电动工具行业是资深业务经理，从单证员做起，一直做到了业务经理，在业内也拥有丰富的客户资源。被我们发现的时候，她正在某小家电企业担任外贸部经理。

对于个人职业发展的规划，L 和 W 各有不同的打算。L 原计划离开宁波，去上海某台资电动工具厂担任技术总监，对方答应给他每年 15 万元的基本薪资。我与 L 进行了面谈，建议他朝着经营管理方向发展，成为公司核心层。因为他多年以来一直在电动工具行业发展，已经积累了行业双向的资源，而且他很熟悉公司的产品。此外，他的英语水平很高，还很擅长团队管理，所以完全可以转型从事经营管理工作，这对他未来的职业生涯发展与成长都是大有裨益的。而 W 则对现在的工作很满意，又因为是中年女性，所以对于转行或者换工作，都没有表现出明显的兴趣。

看到两位人才的推荐资料，Z 总对 W 女士比较感兴趣。他马上与两位候选人进行了面谈，通过了解后自然地改变了想法，最终决定与 L 先生合作。他们通过多次面谈，最终商定了双方的权利和义务，也约定了薪酬水平和激励模式，然后就顺利地签订了合同。不得不提的是 L 的薪资结构：基本月薪＋保底年薪＋业绩提成＋远期股权激励。可以看出，这样的薪资结构是很复杂的，但是完全符合 Z 总希望 L 负责管理公司的初心，既保障了 L 的基本收益，也能够最大限度地激发 L 的工作热情，让他真正把工作当成事业，把公司当成自己的"孩子"，从而全方位确保了双方的长远合作。

L走马上任3个月,与Z总一起,走访了100多家业内工厂,获得了最新的样品,也与几家工厂签订了合作协议。很快,他们就万事俱备。不久之后,贸易公司顺利开业,因为前期的准备工作做得很到位,他们第一年出口就达500万美元,第二年出口达到了1500万美元。L还帮公司组建了业务团队,使公司的销售业绩连连攀升。Z总对L的工作表现非常满意,按照协议约定,给了L一定份额的公司股权,使L成了公司股东,并且担任总经理职位。就这样,L在该公司连续工作了8年,才离开公司独立创业。

每个职业人都应该有自己真实的职业发展需求,同时还要客观公允地评价自己的能力。这样在积累了丰富的经验,准备换工作的时候,就可以考虑进入公司的核心层,实现个人职业生涯的跨越式发展。对于有野心的人而言,还可以在做好准备之后自主创业,这也是不错的选择。

优秀的老板才能成就优秀的职业经理,反过来,优秀的职业经理也能成就优秀的老板。在整个公司中,老板与职业经理之间是相辅相成的关系,相互促进,相互成就。公司尤其需要借鉴L的薪资结构。虽然L的薪资结构比较复杂,但却兼顾了L的基本收益和发展激励。真正明智的老板,在看到职业经理从公司得到了巨大收益时,切勿感到心疼,因为这恰恰意味着职业经理正在毫无私心地带领公司谋求发展。职业经理在看到公司收益很好,老板赚得盆满钵满时,也不要眼红嫉妒,因为水涨才能船高,老板赚钱,员工才能跟着一起赚钱。

作为企业,要想找到合适的人才并不容易;作为人才,要想找到合适的平台得到更好的发展,更不容易。在转型的时候,作为已经小有成就的职场人,切勿被过去困顿,也不要被未来吓倒,而是要摆正心态,做好准备,这样才能"兵来将挡，水来土掩"。

● 做真实的自己：一位 95 后的职场转型之选择

近些年，有很多朋友委托我来为他们的孩子在个人就业与职业发展、创业管理等方面提供一些建议与分析，而今天的案例也是来自一位多年好友的委托，当事人是他同学家的亲戚，当时正面临职场选择的问题，父母与孩子在职业方向及意愿上有很大的差异。父母希望孩子按照他们的规划，去当地的一家名企工作，但当事人却希望选择自己喜欢的职业。

好友希望我能跟他们亲戚的孩子沟通一下，从第三方的角度来对此做出分析与判断。

我欣然接受。初见这个小伙子，直觉上，这是一个阳光帅气的小伙子，语言沟通也很顺畅。经过进一步沟通，在了解了他的学习工作经历之后，我才得悉，他的实习及第一份工作均是家庭安排的。他的实习是在一家知名民企从事市场销售助理工作，做的是事务性工作，谈不上喜欢；第一份正式工作是在一家民企制造业的销售部门从事区域销售工作，也不是他喜欢的工作，于是他选择离开这家企业，并为此还跟父母产生了很大的分歧。然后他自己一个人跑到市区，选择了现在的工作，但又因为企业遇到经营困难，似乎离离职也不远了。父母知晓了这一切，再次动用了所有的人脉帮他在当地一家知名企业谋得一份工作。但这小伙子不愿意再回到父母身边，可是他也不清楚自己接下来的个人职业发展方向及职业定位，他对此也感到很迷茫。

于是我启发他，让他评估自己之前的三段工作经历中，他最喜欢的一段经历，或者说，他认为哪段经历做得最为成功。他的答复是都不喜欢，虽然第三个工作是他自己找的，但也谈不上多喜欢。于是我又启发他，如果不考虑曾经的工作经历，再想想自己到底喜欢做什么，或者什么工作才是自己从小一直都感兴趣的事情。

谈到这，或许触动了他的内心，他沉思片刻后告诉我，从小父母就对他管束非常严厉，在初中阶段，他遇到了一个同样很严厉的老师，这让他整日战战兢兢，于是就更加厌恶学习，导致他高中入学考试也没考好，最终只能进入一家职业学校，而后又进修了一个大专学历。也正是因为初中被严格管控，到了高职院校，他顿时感觉进入了一个管理真空，这里再也没有人那么严苛地管束他，于是那几年他享受了从未有过的自由。及至毕业、实习，再到实际的工作岗位上，由于缺乏竞争力，对于优质的机会，他几乎没什么选择的权利，而家人的帮忙也被他视为干涉他的自由。

这似乎是进入了一个恶性循环中。顺着他的思路，我给他的建议是可以去了解一下拓展行业中的军事游戏类的教练员这个角色，但这类游戏只是拓展或体验式训练的一个辅助部分，不能作为主线。未来，幼儿的生存拓展训练应该会有一个非常大的发展空间，也许这是一个潜力巨大的市场，但以他的资历要得到这类机会，需要经过专业的培训，得到从业资格。再则，他还需要在专业技能和学历知识上做有针对性的提升。最后，我也给了他一些这个行业能够用得上的人脉及相关信息，希望他能再去做些市场调研，然后对自己的这个想法与爱好再做评估和决定。

我祝他好运。

我把我们的沟通情况与好友做了反馈,也得到了朋友与他家人的认同。他们也愿意按照小伙子的意愿,在他对于自己喜欢的行业做调研并最终确认时,提供力所能及的资源及帮助,但最终的职业发展还需要靠他自己不断努力去获得。

其实我们每一个父母对于孩子的爱都是无私的,不会有任何的计较,他们愿意给予孩子更多。但对于年轻人来说,职业发展、职场定位也要尽早明确,校园学习也要围绕自身职场发展目标来展开。

对于父母而言,应该做孩子的引领者或导航者,而不是直接取代孩子去做决策。现实中,很多父母做的是单向计划,他们忽略了这其中最重要的是要与孩子达成共识。

找到卖点:一个行政助理的职场转型之路

我在给学生做就业指导的时候,问过很多应届学生,了解他们对今后工作岗位的定位,及是否愿意在同一个岗位持续工作5年或10年以上。有很多同学的答案是不确定。

我也曾接触很多工作不到一年的学生,因为工作不开心就轻率离开现有岗位,或者因为一点点的小问题就轻易离职,这不但给企业造成不稳定的隐患，自身也因此失去了一些好的机会。

曾有一个大企业的行政文员一直想要离开目前工作的企业，因为事关重大，她便来找我咨询日后的就业方向及定位。她毕业于一所一本院校，英文专业八级，在目前公司工作了3年，从一开始的前台文员到行政文员，3年中所从事的都是烦琐的事务性工作，比如帮助领导办理签证、订机票、订房等琐事，因为待遇不高，她非常想离开目前的职位。但她在做了自我评估及接触几家企业后，意识到如果选择离开，去做一份普通的行政主管岗位，待遇增幅其实也不多，按照市场岗位薪酬情况，工资最多增加500元左右，所以她也一直在犹豫。

我帮她做了分析，其实她最有利的特长是英文能力，包括翻译及口译能力，她拥有高级口译资格证书，但在目前岗位上，并没有发挥出来。她想转做企业人力资源岗位，但她又没有企业人力资源管理岗位的工作背景，不容易找到这样的机会。我告诉她，她有3年稳定的大公司的工作背景，相比小公司，大公司更能让她得到一些经验，其实如果既能发挥她的英文特长，又能使她逐步走向综合管理协调岗位，有一个职业发展方向是非常适合她的，就是外资的采购办事处，当然这需要选择有一定规模的那种公司，它们有一个岗位叫总经理助理，一般老板会经常不在国内，需要有一个助理负责内部的人力行政与各项工作的协调，作为总经理跟内部各个部门的桥梁，也恰好能让她拥有管理的实践机会。但这需要她下一个决心，因为有很多的管理知识需要她在实践中去快速学习，这就要看她敢不敢去挑战自己的能力，同时也需要打开自己的思维框架，并给自己做一个3~5年的个人职业发展规划。

后来根据我提供的思路，她真的找到了一个外资采购办事处总经理助理职位的工作，而且在薪资谈判的时候，她也按照我的建议，薪资报价直接翻倍。最终，因为她的自身价值和她良好的工作背景，她被顺利录用，并且通过努力学习，她也快速适应了企业岗位要求，让自己顺利实现了从一个行政文员到总经理助理的管理岗位的蜕变。

●忠于选择：985高校毕业小白如何爱上自己的岗位

我曾跟很多应届学生讨论是"先就业后择业"还是"先择业后就业"的话题。事实上，很多应届生基本属于匆匆就业，因为信息不对称，或者缺乏系统择业规划及准备，大多是在无奈之下，仓促找到第一份工作，但又无法快速适应工作岗位。而现实中大量的中小型民企也确实无法对新入职员工进行良好的职业培训和职业发展引导，从而使这些新入职的员工变得迷茫，最终造成企业人员流动性大。

这次分享故事的主人公是2017年毕业于国内一所985高校理工类专业，在高中期间成绩名列前茅，但在选择学校与专业的时候失误，被调剂到一个不熟悉的应用化学专业。

就这样，这位同学直到大学临近毕业，还不清楚自己未来的择业方向，为了逃避就业，她最终选择考研。但在考研失败后，她只能仓促选择就业。而此时，好的机会已经失去，只能去本市一家小规模的新材料类的制造业企业，从事质量管理方面的工作。

她找到我的时候,她在那家小工厂已经工作了近一年,她想要跳槽,但又对自己的职业方向感到迷茫,对于外面的职场情况也缺乏认知。

通过了解,我认为她所从事的行业应该还是非常不错的,属于高速发展的新兴行业,而她也是企业内为数不多的名牌本科且对口专业的员工,应该说,她不缺乏向上发展的机会。但她却坚持认为,在这一年中,她一直无法进入工作状态,首先工厂位于一个相对偏僻的城郊农村,每周还是单休;而且在工作中她因为不太善于控制情绪,几乎跟工厂内所有的部门同事都吵过架,跟主管领导关系也不好,对此她感觉很委屈,于是迫切想离开目前的岗位。

针对她的困惑,我帮她做了系统的分析。我认为,从专业选择上,她就走入了一个误区,被动选择了一个自己不是非常喜欢的专业,幸运的是她却找到了一个专业对口的岗位。但她对于自己所在的产业及目前从事的工作缺乏一个正确的认知,而且我能感受到,因为工厂管理得不规范,她日常工作中的主管也没及时给予她正确的职业价值观及引领,所以导致她对工作缺乏目标。

我给她的建议是,重新定位行业认知,及时补上相关的行业知识,同时尽快熟悉工厂管理所必需的质量管理体系知识,因为她接下来可能会参与工厂检测实验室的筹备工作,这其实是一个非常好的机会;同时我也建议她去参加项目管理方面的专业培训,以提升自己的系统思维能力;此外,在工厂工作,必须要熟悉基本的管理理念,培养目标意识,给自己做一个3~5年的个人生涯发展规划。与其盲目跳槽,不如选择坚守在目前岗位重新出发;迅速调整心态,处理好与同事的关系;锻炼自己的沟通能力,业余时间参加一些有意义的中英文演讲俱乐部,让自己在目标感、规划能力及口头表达能力、组织协调能力上有一个质的改变。

总之，对于成人而言，你既然做出了选择，就不妨尝试着去爱上你的岗位，把心静下来，制定目标、持续学习以提升你的职场能力，这样，将来机会出现时你才能有能力去争取。

对于企业主管，我希望他们也要尽快熟悉人才的培育机制，及时对年轻人进行积极引领。毋庸置疑，当代年轻人是非常聪明而自我的一代，他们需要企业能给予他们明确的职业发展目标及岗位定位，同时也希望领导者能够给予他们方向、目标、资源上的支持，并能及时对他们在工作中的成绩给予认可。其实他们要求的真不多，企业领导也需要懂得年轻员工的最迫切渴望。事实上，现在的企业管理早已不再是传统的管理，本质上已经发生了巨大的变化。

从员工到主管：晋升后的新烦恼

在职场上，每个人都盼望着升职加薪，能够加薪当然好，可以赚取更多的钱，也可以提升生活的品质。但是面对升职，也是几家欢喜几家愁了。从基层的员工到管理人员，即使没有跳槽进入新公司，也要面临着转型，毕竟做具体的工作和做管理工作是不同的。如果说前者只需要管理好自己，那么后者则需要学会如何管理好他人。在这个世界上，最难以揣测的就是人心，有的时候，我们哪怕掏心掏肺，也很难与他人搞好关系。也有人无奈地说，人与人之间要靠缘分联结。其实不然，与同事相处并不像与爱人相处，不需要以感觉占据主导，而是可以用世俗的人情平衡彼此之间的关系，也可以运用人际相处的技巧，在彼此之间保持良好的关系。

面对升职加薪，我们既要做好欢喜的准备，也要做好迎接困难和接受挑战的准备。尤其是对于那些已经习惯了从事技术工作或者从事学术研究的人，从和纯粹的技术与学术打交道，到与不同的人打交道，很有可能会遇到困难，也很有可能会因此而被难住，不过"兵来将挡，水来土掩"，只要我们怀着一颗从容的心去面对各种困境，最终一定能够战胜困难，适应新的工作岗位。接下来，就让我们来看看，一位985高校毕业生在升任主管后，面对了哪些困难，又是如何解决难题的。

缘分非常神奇，最近几年来，我帮助很多职场的小伙伴做了个案的职业规划，每一次遇见，都发生在不经意之间。有些人在遇见之后只剩下微信中最简单的问候，也有些人在遇见之后成了联系紧密的朋友，他们不远千里来参加我们的线下"遇鉴"生涯发展沙龙，也会时不时地打电话问好，或者发微信询问近况。每当得知他们正确认知自我之后，通过努力与坚持，获得了很好的工作或成就，我都为他们感到高兴。最近一次，我收到了一位此前仅在咨询过程中有过一面之缘的985高校毕业生的邀请，让我非常惊喜。

我们暂且叫他为H吧。在初入职场之际，H也曾感到困惑和苦恼，不知道自己是应该留下来，还是应该果断地离开。幸运的是，他非常聪明，借助于自身的特长，利用互联网知识分享平台，找到我进行付费咨询。这让我相信，他有着开放的思维，向往美好的生活，也很尊重不同行业的从业者所具有的专业知识。在仅有的一次见面咨询中，我了解了他的情况，并给予了他中肯的建议，他终于静下心来决定留在原来的公司，尝试着让自己逐步喜欢质量管理工作，因此也渐渐地打开了工作中的很多困局。此前，他所缺少的就是正确的职场引领，更没有进行个人职业生涯发展规划。此外，他还需要在实践中逐步加深对于行业和职业的认知，以及对于自身的认知。在工作的过程中，显而易见，正确处理职场关系更为重要。

通过改善上述情况，他的个人职业发展逐步顺利起来。这次 H 给我带来的信息是，他战胜了另外两个竞争对手，成了部门主管。这不仅仅因为他的能力很强，水平很高，也因为公司看到他无论是内在还是外在都在向好的方向转化和改变。对于如何做好主管工作，他心里没底，毕竟在此之前他一直认为自己只是职场菜鸟，如今却摇身一变成为部门主管，这其中的跨越是很大的，他还需要好好适应，好好表现。那么，从一个普通员工到管理者，需要尽快做哪些方面的调整呢？

第一，调整思维方式，从执行思维转化为经营思维。

作为一名普通员工，只需要理解自己岗位的具体职责及本部门的业务流程，同时还要严格按照主管和领导的命令完成日常工作，并且及时反馈，无须考虑太多的事情。但是作为一个部门的主管，工作不仅牵涉到自己，还牵涉到整个团队。对上，要对顶头上司和老板负责；对下，要对下属负责。所以从普通职员到部门主管，必须从执行思维转换到经营思维，在做好本职工作的同时，要更多地了解公司的战略部署。尤其是在思考问题的时候，要从有利于公司经营的角度来考虑问题，对于数据，要有敏锐的分析和判断能力。

第二，调整工作方式，从自己干到带团队干。

做好自己的本职工作，与自己的惰性作斗争，督促自己兢兢业业，是对企业员工的基本要求。但是作为主管，则要改变思维模式，不再只是督促自己干好各种工作,而是要带领团队干好各项工作,这就要求我们必须迅速锻炼好自己的领导力。

此外,人际关系也会变得微妙。作为普通职员,我们与同事之间是平等的关系。一旦升职成为主管,就会打破这种平衡,可能会顾虑之前的感觉。但是,不管怎样,工作毕竟是工作,我们必须尽快进入主管的角色。在公司里,部门主管是非常关键的桥梁,负责在公司高层及部门内部员工之间建立连接。领导力的本质就是给下属布置工作、督促检查下属的工作,并且提升下属的能力,培养下属的核心管理能力,让下属也得到晋升。面对艰巨复杂的工作任务,做主管的要能够根据员工的技能水平和性格特点分配任务,分解目标,还要充分调动员工的积极性与工作热情,以此激发员工的潜能,提高团队的绩效。作为主管要明确一点,部门的成绩取得首先取决于部门员工的成绩呈现,因而要放下自我的心态,把自己和整个团队视为一体。

第三,调整好心态。

部门主管需要有好的心态,不能有计较心,而是要有大局观,一切以公司利益为重。不管做什么事情,都应该首先考虑公司,再考虑下属,最后才能考虑到自己。只有这样,才能得到下属的喜爱,赢得他们的尊重与信赖,也才能在团队工作中充分发挥自己的主观能动性,高质高效地完成部门工作。

每一个从员工刚刚升职为主管的小伙伴,在进行角色转换之际,都需要尽快适应与调整。作为职场人,一定要记住,我们不仅仅是在为公司尽责,也是在为自己的未来而拼搏。每个人都要通过努力建立自己在公司里、在行业内的职业口碑与职业品牌。唯有如此,职业之路才能走得更远,职业未来才会更加光辉璀璨。

论生涯规划的重要性：社工招考现场，这位女士为何哭泣

一个人不管从事哪个行业，也不管在哪个岗位上工作，都渴望获得成功。而成功从来不会从天而降，更无法一蹴而就。每一个小小的成功，都是多方面因素综合的作用，都是坚持学习的结果。所谓成功，从本质上而言，就是不断丰盈和充实自我的过程。在漫长的人生中，如果我们从来不曾坚持学习，更不曾激励自己通过学习去改变什么，那么等到我们迫不及待想要获得成功时，才会发现自己生命的苍白和无力。书到用时方恨少，这显然是让人遗憾的，毕竟我们已经开始追逐成功了。

在招聘会上，除了看到人们摩肩接踵之外，只要细心一点儿，我们还会发现人们的脸上都有着不同的神色。有的人很开心，带着自信，如同阳光一样明媚；有的人郁郁寡欢，满脸都写着苦大仇深，似乎他们不是在奔向美好的未来，而只是在等待接受命运的宣判。的确，人才市场就是每个人的人生岔路口，也许在进行一次选择之后，未来就会不同。对于这样至关重要的选择，每个人都表现得特别慎重，同时也很彷徨。在把厚厚的简历投递出去后，真的就是几家欢喜几家愁。有的人得到了心仪的工作，忍不住欢呼雀跃，而有的人哪怕投递出了很多份简历，也没有得到任何工作，就连明天的午餐在哪里都不知道。究其原因，不仅仅是因为前者比后者更优秀，也是因为前者比后者能够未

雨绸缪，能够提前做好规划和谋划，所以才能找到好工作，养活自己。

有一天，我公司所在的大厦有一家事业单位在举行招考资格审核。很多人来投递资料，他们满脸的憧憬，都想借此机会改变自己的命运。因为电梯实在是太拥挤了，我决定爬楼梯去公司。走到一楼往二楼的拐角处时，我看到一位女士坐在台阶上抱着头，肩膀一耸一耸的，似乎正在哭泣。我很纳闷，这是怎么回事呢？我询问女士："您好，请问您需要帮助吗？"她抬起头，用通红的眼睛看着我说："我缺少一份关键的5年工作经历证明材料，被取消了参加审核的资格。"

我更纳闷了，问："单位为什么不给你开呢？"

她回答："现在的单位不给开，之前那家单位一直在推脱，也不给开。"

这个情况倒是很稀奇，我打破砂锅问到底："那么，你知道为什么会发生这种情况吗？你为什么不提前跟单位沟通呢？你打过电话和领导沟通，或者亲自去单位和领导沟通过吗？"

她回答："我打过电话沟通，但是我的性子比较急，在沟通过程中和领导产生了些不愉快。"

我的兴趣更加浓厚，问："那么，你为什么要来考社工岗位呢？"

她不假思索地回答："清闲，稳定，旱涝保收。"

我困惑地问："稳定是什么意思？"她陷入了沉思，不再回答我的问题。

在职场上，有很多人和这位女士一样想要稳定。对于竞争激烈的职场，对于残酷的社会，他们常常会感到畏惧，也会在一定年纪的时候遭遇职业发展的"瓶颈"，产生职业困惑。

经过一番沟通，我得知这位女士9年前毕业于一所大学的会计专业，有大

专学历。毕业后，她陆续在很多家物流行业企业工作了 9 年，但是至今还是一个小小的办事员。说到这里，她懊悔地告诉我："我可真后悔啊，当初应该从事财务专业，也应该坚持学习，提升学历。现在有家有孩子，根本没有心思学习，年纪也大了，眼瞅着奔着四十去了，哪里还有心劲呢！"

我告诉她："你才刚过而立之年，距离不惑之年远着呢！你之所以造成如今的困局，是因为你从来没有做过系统的个人职业生涯发展规划。虽然你在大学期间学习了财务专业，但从就业至今，从来没有从事过财务工作，因而对于财务工作毫无经验。"她听我说得头头是道，对我说："现在，我也想去从事财务工作，但是家里的经济压力很大，所以不敢轻易更换岗位。真不知道未来会怎么样。"

职场上，很多人与这位女士一样有很多苦恼和困惑。当初在报考大学的时候，也许她只是遵从家人的建议，才学习财务专业，所以在整个大学期间，她从未对自己的专业与未来工作岗位进行认知，毕业之后又因为不喜欢做财务，匆忙选择了加入物流公司。但是由于专业不对口，让她的工作目的仅仅局限于挣钱，养家糊口，所以她才会从业 9 年，依然是个普通的文员。可想而知，在工作过程中，她从未全力投入工作，更没有做过系统的个人职业发展规划，也不曾想到要持续稳定地在一家企业工作。不管是变轨，还是跳槽，都需要先谋定而后动，只要选择在恰当的时机再动，做好充分的准备，才能具备选择的能力，让自己的职业发展前途更加光明。

如果这位女士能够早早地开始规划自己的职业生涯，在读大学的时候，能选择自己喜欢的专业，那么她在毕业后也一定会有一个更好的发展，而不是像如今这样虚度 9 年的光阴。人生，越努力，越幸运，当然，努力要有方向，幸运才能找寻到我们。从现在开始，如果你还不知道自己未来要做什么，也不知道自己人生的前景将会如何，那么就从现在开始谋划吧。一年之计在于春，一日之计在于晨，一生之计也许就在于那些年轻的岁月。越早谋划，后面也就越是轻松从容，当然也能够取得良好的效果。

8年的蜕变：从招聘专员到电商公司总经理

人生中，也许会有十几个8年，但是年华最好的8年，屈指可数。当我们回过头去看，会发现8年很短暂，而实际上当我们真正置身于8年之中，就会发现8年很漫长。尤其是拼搏的8年、奋斗的8年，更是记录着我们付出的点点滴滴和很多求而不得的收获。8年，可以把新生儿养大，使其成为二年级的小学生；8年，可以从暮年走向死亡，不知道人生还剩下多久的光阴可以度过。而在职场上，正值青壮年的我们更会发现，8年，可以创造职场的奇迹，可以创造美好的未来。如果在默默无闻的时候畅想未来的8年，我们也许不敢想；但是在成功之后回望过去的8年，我们会感到骄傲和自豪。原来，只要8年，我们就可以完成人生的华丽蜕变！

接下来，我们要讲一个故事，是关于一个招聘专员如何成为电商公司总经理的故事。当然，这个故事的主人公现在已经不满足于当总经理，而是自己当老板了，我们就称他为A吧。就让我们一起来看一看，A是怎样在8年完成蜕变，获得成功的吧！

2007年8月7日，A去某集团报到，认识了一个非常重要的老师，也是A一生的导师。她穿着深蓝色员工短袖服，扎着简单的马尾，给人感觉很和蔼友善，很值得信任。

A的岗位是集团招聘专员，月薪不高，只有1800元。那个时候，A对HR并不了解，狭隘地认为招聘专员就是根据各个部门人员的需要，在招聘网站上发布招聘信息，有人打电话来就约好面试时间，对面试人员进行筛选，如果没有人打电话来，那就继续发招聘信息。A把这份工作理解得特别简单，觉得毫无挑战性。真正投入工作中后，A才发现事实并没有那么简单。后来，A在导师的指导下，就招聘体系建立了测评系统、人才库系统、全国人力地图，并且在全国范围内进行了关于农民工流动性的调研，形成了一个基于数据现状和未来3~5年的趋势报告，对集团的生产线调整，引进更多的自动化设备和机器人，起到了非常重要的作用。

直到那时，A才切身感受到HR原来是这么工作的，既艺术又严谨，A也明白了，即便是看起来简单的工作，只要深入去做，就能做得非常专业。正是在这段时间里，A渐渐形成了特定的思维方式与处世规则。任何事情，如果只做表面，我们就永远无法了解隐藏在背后的神秘世界，而那个只露出冰山一角的神秘世界才是最令人向往的。

因为在工作上表现突出，A逐渐升到了集团的招聘主管、培训主管，后来又兼任了事业部HR经理和集团的招聘经理等岗位，薪资也从最初的月薪1800元上升到年薪十几万元。在HR的全领域，A开始熟悉每一个环节，并且尝试着建立非常专业的体系。

当地的 HR 环境还是比较复杂的，A 入职才一年，他的老师和导师就因为各种原因离开了公司。A 和团队成员们依然坚守岗位，坚持建设 HR 的系统体系。当然，这与老板的支持是分不开的，毫不夸张地说，当时该集团的 HR 已经初步有了专业的影子。

一年半之后，A 升任事业部 HR 经理和集团招聘经理，也偶尔给当地其他企业的 HR 做一些工作方面的分享。与此同时，A 也深切感受到了迷惘和倦怠，可以说整个 HR 环境并不乐观，几乎都是事务性的工作，跟 A 想做的战略丝毫搭不上边。经过对 HR 的深入了解和专业推进，A 了解了整个集团所有岗位的工作职责、能力要求和业务流程，就萌生了一个想法：自己在 HR 的岗位上，了解了所有的业务流程，A 要是能在销售或市场一线了解整个行业，岂不是更好吗？

几天之后，A 打定主意，向老板申请做一线的市场调研专员。老板极力反对，A 当时就跟他说："我或者留在公司做市场调研专员，或者去其他公司做市场调研员。"老板看 A 心意已决，迫不得已同意了 A 的职业转型申请。即使这么多年过去，依然无比感激老板的开放和对员工的悉心培养。当然，在转型的同时，A 放弃了 HR 经理的十几万元年薪，拿着市场调研专员的 2000 元月薪。趁着年轻，为何不好好折腾折腾自己？年轻，就是我们能够放下一切的最大资本，我们要想得到什么，就必须毫不犹豫地丢掉一些东西。

刚开始，A 对市场调研工作没有经验，只能拼命去学习。对 A 最有用的，就是在做 HR 招聘期间积累下来的一些知识。当时，所有进该集团的员工，包括中高层，第一关面试都是由 A 来把控。如果 A 这里没有通过，面试者就不可能进入下一环。根据不完全统计，一年半里，A 面试了 1000 多人。A 把每一个应聘者都当成一本书，用心去读懂他们，思考关于人性、经验、职业的各种问题。借助于面试的机会，A 会把公司里遇到的一些问题，抛给应聘者去解决。应聘者最想在面试官面前展示自己，所以他们会毫无保留地把以前处理相关问题的经验悉数告知 A，在这个过程中，A 吸收了很多有用的知识。

在积累的基础上，A 也坚持学习，很快，他就了解了调研工作，也借此机会熟悉了整个行业的市场，并且对公司的产品线、终端的规划提供了有力的参考。A 建立了各个竞争品牌的产品线监测体系、市场品牌投放监测体系，还建立了一整套行业和竞争对手的情报收集系统。所有的成功，都不会是偶然，唯有积累，是必须坚持去做的。我们也许不知道最终会收获什么，但我们所经历的一切，所付出的努力，到最后肯定是有用的。

2009 年下半年，该集团参与了世博的一个项目，集团品牌开始往国际方向去延展。针对世博这个机遇，公司要在国内做一次史无前例的品牌地推活动。类似的项目，国内只有一家公关公司能够操作，可他们最终决定自己组建团队来做，一是考虑更具有把控性，二是能够节约成本，三是最大的目的，即培养公司的团队。公司计划把很多新进员工放进这个项目里进行历练，然后再回本职岗位工作，这样一来，这个项目就被做成了一个移动的"黄埔军校"。事实上，这个项目最终确实为公司输出了一支非常强大的团队。

第一站启动之后，因为品牌推广的效果极其惊人，国内另外两个一线品牌也开始全面跟进这个巡展项目，在全国拉开品牌地推的序幕。一年半，项目历经 120 多个城市，做了近 200 场发布会、品牌推广会和现场促销，创造了几千万元的现场销售额和上亿元的品牌价值。

如果单纯地从哭过笑过的角度来评价这段历程，太过简单。那一年，A 体重轻了20斤，直面过生死，经历过黑社会，遇到过小偷，甚至，还发生过好几次车祸……他们在一个个陌生的城市洒下眼泪、汗水，甚至还有鲜血，谱写了人生的疯狂和潇洒。

人生中，我们会遇到很多坎儿，只有被逼到一定的境地，才有可能真正突破，所以我们要直面一切困难，坚持不懈地努力，直到迎来柳暗花明的那一刻。

2011年中，全国品牌巡展正式结束，他们的团队进入一个相对休闲的状态。那个时候，整个行业的电商业务开始蓬勃发展起来，老板临时决定成立独立的电商公司，让A来负责，全面进军电商时代。这次的职位转变，完全出乎A的意料，因为在此之前，他对电商一点都不了解，甚至都没有支付宝账号。后来A也是听说，所有人都反对让他去管理电商公司，只有老板一个人极力坚持并且做出了这个决定。那个时候，A意气风发，大有士为知己者死的豪迈。因为没有电商知识，A拼命学习，一有时间就学习电商的概念、具体操作的案例和成功者的经验。以前，A很少看工具书，不是不爱看，而是真的没时间，因为看书就好比看电视连续剧，要不断地追，才能明白前因后果。

为了胜任新的岗位，A不得不挤出一切时间去坚持读书。随着书读得越来越多，A对电商的了解也越来越深入，他深切感受到，电商不过是一种随着科技和互联网发展而发展的新销售形式，虽然形式变了，但是内核没有变。所有的品牌推广思路、产品规划等跟线下都是如出一辙，唯一不一样的是，在线上，更容易获取到大量精准的数据，然后必须用非常严密的逻辑思维对数据进行提炼、整理，并且通过专业的品牌市场营销知识将其转化为可以落地的营销方案。

至此，A积累了大量的实践经验，也有很多的碎片化理论知识，但是，他总感觉整个知识体系还不够系统，缺少贯通。一次偶然的机会，A去了北大学习，不由得感叹：最高学府的水准实在令人绝倒！经过一段时间的学习，A有种豁然开朗的感觉，知识也真正的体系化、融会贯通起来，这让他应对任何事情都比以往更加有条理，更加充满自信。A刚刚接手的时候，电商公司的年销售业绩只有一百来万元，只用了短短的两年，就快速攀升到了亿元级别。成功没有偶然，而是一个必然的过程。

有一次，A与老板乘坐同一个航班，有了轻松沟通的机会。老板告诉A：一个人的成功离不开五个人，即高人的指点、贵人的相助、自我的努力、家人的理解和小人的监督。现在，A已经离开了该集团，开始了自己的创业之路。A的人生依然艰辛，但是他始终心怀梦想，不懈努力，相信总有一天自己会获得成功，而现在要做的就是活好当下。

我们无从得知故事的主人公A现在的人生怎么样，但是我们可以确定的是，他的人生一定风生水起。作为初入职场的菜鸟招聘专员，他曾经没有任何资源，也没有工作经验，后来却成为电商公司的总经理，可谓见多识广，人脉丰富。那么，他开创公司就会得到更多的助力，也就会有更好的预期。具体来说，他的成功离不开以下几点。

首先，他能够沉得下心来，用半年来打磨自己，让自己在一家不错的企业里潜心成长。其次，他很幸运，遇到了合适的平台，而且得到了领导的赏识，哪怕他在成为资深人力资源管理者之后要转行做市场，老板也没有坚决反对。正是因为有了老板的支持，他才能深入了解市场调研工作，同时也能熟悉企业里更多的工作流程和规则。当然，这也可以表现出他的勇敢和果断。最后，他始终坚持积累。为了积累更多的经验，他放弃了十几万元年薪的人力资源管理岗位，而是去市场部门当了一个最普通的职员，拿着2000元的月薪。让自己的职业生涯发展清零，这样的勇气可不是人人都有的。破釜沉舟，无所畏惧，拼尽全力，最终让他获得了成功。

人在职场，不可能一成不变。要想适应职场的需要，要想让自己得到更好的发展，我们就要有与时俱进的心态，就要能够果断地舍弃和放下。有的时候，舍不是一定失去，而是以另外一种形式得到，只有这样的豁达，才能让心胸更宽容博大。

●跳跃的年薪：从财务经理到财务总监之路

对于大多数职场人士而言，最开心的事情就是听到涨薪的消息。毕竟城市居大不易，生活成本很高，要想高质量地生活，更是需要鼓鼓的钱袋子作为支撑。不管是把工作当成事业，还是把工作当成兴趣，抑或是把工作当成谋生的手段，每个人都会关心薪资水平。很多应届毕业生在找工作的时候，更是会迫不及待地询问薪酬是多少。当然，有些面试官是会反感这个问题的，他们会想：你还没有给企业做出任何贡献呢，就想得到高薪，这也太功利了吧。一旦提问的方式和时机不当，面试者就有可能因此而失去宝贵的工作机会。但是，每一个面试者，或者每一个职场人，都无一例外地关心薪水。毕竟人活着要吃喝拉撒，要进行各种消费，如果说在农村还有地和粮食，那么在城市里没有钱就会面临寸步难行的窘境。

钱，不是万能的，但是没有钱却是万万不能的。在寻求职业发展的过程中，我们最大的心愿就是薪水也能随着职位的上升而涨高。很多职场精英好运爆棚，在工作上表现突出，在职位上节节攀升，在薪水上也是越来越高。每次看影视剧时，看到主人公过着精致的白领生活，从来不为钱发愁，有没有羡慕眼馋呢？其实，即使是作为普通的职场人士，在漫长的工作中遭遇职业困惑，也可以通过职业生涯规划来突破"瓶颈"，消除困惑，从而获得更好的发展。接下来，就让我们看看张女士是如何从财务经理做到财务总监，实现年薪跳跃的。

作为一名财务工作者，张女士已经从事财务管理工作近20年了，但是在中层职位上发展一直很缓慢，这让她感到非常困惑。她的第一学历是专科毕业，后来通过自考拿到了本科学历。她从财务基层岗位做起，先后在大型国企、外资五百强等企业工作过，最高做到了财务经理。除了财务的相关岗位以外，她还在一家外企做过行政管理工作。可以说，她的工作经历大多是与财务岗位相关的。

因为对于未来感到迷惘和困惑，最近5年，张女士频繁更换工作，没有在任何企业连续工作3年以上。在与她的沟通中，我明显感觉到她缺乏对自身的职业定位，而且也没有在一个企业持续服务的意识。当我问到她是否对自己有过职业发展规划时，她表示从未对自己进行过明确的行业定位和岗位定位。她还面临着一个两难的选择：继续从事财务工作，还是转行做行政工作呢？

通过对她的观察和了解，我发现她形象气质都很不错，而且做事情也很有条理，精明干练。结合她的实际工作情况，考虑到职业生涯的持续性和稳定性，我建议她寻找一个新兴的优势行业，耐下心来利用前期积累的丰富人脉和经验持续发展。因为她原本就是学习财务专业的，又有丰富的财务工作经验，所以我建议她继续从事财务管理方面的工作，并且为自己制定一个职业目标，即3年之内努力让自己成为财务总监。

有了目标，就要拼尽全力、坚持不懈地实现目标。我和张女士针对职业目标进行了系统的分析，也明确了要想成为一名财务总监，必须具备以下两个前提条件：第一个前提条件是必须提升学历水平，可以通过就读MBA的课程实现；第二个前提条件是考取国际注册会计师或者获得高级会计师的职称，提升专业技术职称。

张女士很看重我的建议，她去了一家服装行业的综合性集团担任集团财务经理，同时报考了MBA。通过努力，她顺利通过了高级会计师的职称评审，在3年后进入了一家大宗贸易的集团公司担任财务总监。这是因为她在3年中已经具备了担任总监的资历、学历和职业资格，理所当然地，她的年薪从之前的18万元上升到25万元。她安定了自己的内心，在该企业兢兢业业地工作，凭着脚踏实地的工作态度和超强的工作能力，得到了老板的认可和赏识。又是一个3年过去，她没有跳槽，但是薪资已经从25万元上升到50万元，达到了同行薪资的较高水平。

有趣的是，我是在3年后从她的闺密那里才获悉她的变化的。她的闺密找到我，讲述了她在精神、气质、能力上翻天覆地的变化，又从中得知她之所以有这么大的变化，是因为3年前向我咨询，在我的引导和帮助下进行了职业规划。她的闺密说："老师，这一切简直太神奇了！我希望您也能为我做一个同样的职业生涯规划，我也想遇见更好的自己。"我当然很愿意。

虽然很多人说40岁是人生的不惑之年，但是实际上，到了40岁依然困惑的人很多，这只能说明40岁是应该不惑的年纪。在职场上，越是人到中年，越是会感到困惑，这是因为在有了人生的经验，也感受到人生的压力后，往往会觉得肩膀上的担子沉甸甸的，考虑的问题也更多。很多人即使明确了职业生涯规划，如果没有张女士这样的勇气向着目标前进，也不能和张女士一样脚踏实地地去努力，就难以达成目标。

有付出未必会有收获，但是如果从来不曾付出，就不会有任何收获。对于张女士而言，她在拨开云雾见到真相之后，马上就能投身于学习，积极地改变现状，最终成功地打破职场"瓶颈"，获得了良好的发展，这与她的努力是分不开的。每一个人都需要做职业生涯规划，所谓"当局者迷，旁观者清"，有的时候，旁观者只是说一句话，就能让我们如同醍醐灌顶，突然间大彻大悟。

人到中年，每天不仅要忙于处理各种工作的琐事，还要负责照顾家庭，养育孩子，赡养老人，都会觉得心力交瘁。在这样的情况下，更是要未雨绸缪，规划自己的职业生涯。毕竟和金钱等成本相比，时间才是最大的成本，抓紧时间努力去做好自己该做的事情，让职业的发展突破"瓶颈"，获得发展，这是每个人的当务之急。

逆袭：从车间包装工到万达中层只需3年

3年，只够读完初中或者高中，只是相当于小学6年的一半。在有限的人生中，3年算得上长，仔细想来，若能充实地度过，却也是短暂的。然而，在做好准备逆袭人生时，只需要3年，就可以从一个车间包装工干到万达中层。看到这里，你一定以为这是偶然发生的，根本不具有代表性，主人公一定有比常人特别的地方。现实告诉我们，K丝毫也不特别，他很普通，也很平常，他只是摆正了心态，脚踏实地去工作而已。虽然大多数人把成功想得特别难以实现，但实际上，成功就是如此简单，只要做好准备，只要摆正心态，也许只是在短暂的努力之后就能获得小小的成功。当成功成为一种习惯，当我们把每一件事情都做得无懈可击，还用担心成功不来敲我们的门吗？

如今，职场上特别流行一个词语"逆袭"，就是形容一个人从很低的起点突然获得成功，达到很高的高度。逆袭已经成了热门词。那么，何为逆袭呢？所谓逆袭，原本指在战场上以小分队形式进行的侵袭或者反击，现在则更多地强调结果的出人意料。当一个人做到出乎自己的意料，让自己都感到震惊时，那么可想而知他的成功是多么夸张，多么令人惊喜。接下来，就让我们看看毕业于三本、其貌不扬的K是如何在短短3年实现逆袭的吧！

K是一个成绩中等的男生，大学三本，学习法律专业，综合成绩非常一般。早在高考填报志愿的时候，我就建议他选择机械工程类大专，因为这至少是一门技术，说得好听点儿，最后还能成为工程师。毕竟他尽管聪明，成绩却平平，很难在法律界崭露头角。但是他很固执，没有采纳我的建议，而是选择了法律专业。就这样，他在本省的一家大学的下属三本院校完成了法律学习，梦想着有朝一日能够成为律师。

  我感到很惋惜，他在考大学的时候没有明确的个人职业发展规划及就读目标作为指引，整个大学期间都是浑浑噩噩，直到毕业之际才匆忙寻找实习单位，显得落魄而迷茫。和所有的普通大学生一样，他原本打算根据自己所学的专业，找一份和律师相关的工作，结果却总是被拒之门外。就在一次又一次被拒绝的过程中，他饱尝失败的苦恼，原本心中仅有的毕业工作轨迹渐渐消失了。无奈之下，他只好再次求助于我。我很残酷地告诉他一个现实：律师都是名牌大学法律系毕业的，需要有特别强的个人职业素养，并且在就读大学期间，就要有律师事务所实习的经历。这些需要提前规划与精心安排，而他的大学经历却是一片空白。我很清楚他的大学4年是如何度过的，和很多二本、三本的学生一样沉迷于游戏，沉迷于网络，虽然不是醉生梦死，却也可以说是空虚度日。然而，事已至此，又能怎么样呢？本着既来之则安之的原则，我只能尽力帮助他。经过深入沟通，我根据K的个性、爱好及法律专业背景，给了他建议：走人力资源管理方向，去制造业从事人力资源基础管理工作，同时正式开拓个人职业发展道路。

  K采纳了我的建议，先去了一家猎头公司短期实习，熟悉基本工作。一个月后，他应聘去了人才中心高级人才推荐部门实习，主要职责是从已经在人才库登记的人才中进行筛选，并根据客户的岗位要求匹配人才，与人才进行联络，进行沟通，定向邀请人才到高级人才招聘会的客户公司进行应聘。这本来是一个初级人力资源师最基本的工作,然而我们万万没想到,仅仅一个月后,K突然不辞而别,离开实习岗位,并且手机关机,不知所踪。

几天后,家人大费周折终于找到了他,他早在读大学期间就已经学会了享受人生,所以父母看到他的第一眼就知道他在杳无音信的这几天里,一点儿都没有亏待自己。父母苦口婆心地劝诫、责备、教育他,即使软硬兼施也无法起效,不得不把我再一次从幕后拉至台前,希望我能开导他,给予他帮助。我对K很无奈,不知道怎样才能说服他,但是当看到他的父母用满怀希望的目光看着我时,我还是耐下心来去开导他。谈话中,我避开了他最近的动向和消极想法,用自己的工作及创业经历作为案例去感召他,再对他进行一顿劈头盖脸的痛骂,然后又马上变身为知心叔叔关切地询问他的近况,最终,打开了他的心扉,和他进行了良好的沟通,而且彼此坦诚地分析和探讨了他未来的职业发展情况。

在经过我的洗涤后,K大彻大悟,决定痛改前非。接下来,他终于迈出了走向成功的脚步。第一步,为了考验他,我推荐他去家乡附近的一家机械类工厂,从事最基层的包装工作。这份工作非常辛苦,薪酬也不高,月薪仅为1400元。他的工作伙伴还是一群年过半百的老阿姨。这家工厂提供住宿,为了避免他联系狐朋狗友,我要求他住在工厂里。

其实,K这个孩子特别有想法,浪子回头金不换,当他发自内心地认为自己应该积极向上时,他就能踏踏实实地工作。整整3个月,他都脚踏实地和阿姨们一起在车间里埋头苦干。他的工作表现非常突出,企业把他从车间调动到企管部,从事行政事务管理工作。

经过3个月的淬炼,K对工作有了新的感悟。到了新岗位后,每天都要面对细细碎碎的事务，K原本已经沉静下来的心又开始动摇，变得烦躁不安。这个时候，我作为前辈和知心叔叔再次登场，讲述了很多典型的案例给K听，并且和他一起进行分析。我告诉K："应届生在第一年中如果不是因为特殊情况，最好不要频繁变动岗位，否则对长远的个人职业发展是极其不利的。"K再一次理智地选择了坚持，半年之后企业内部进行人员调整，K成了人事专员，负责招聘并协助经理做一些内部制度及流程方面的完善工作。与此同时，他按照个人职业发展规划，学习了质量管理体系内审员和助理人力资源管理师的课程，并且顺利通过考核。此外，在工作的过程中，他遇到了一位愿意培养他的好领导，部门经理虽然对他非常严厉，但同时也教会了他很多的专业知识，给了他很多实践的机会，让他从中得到了锻炼，从而使他得以快速成长。

在这家企业工作了一年半之后，K的月薪还只是2300元。这时，K已经做好了准备，因而转身留下"世界那么大，我想去看看"的姿态，毅然决然地选择了离开，开始了他经理之路的第二步。

他进入一家科技型的小型企业担任人事行政主管，月薪提升为3000元。在工作了3个月之后，他得到了一个很好的机会，加入了商业地产这个新兴的行业，成功应聘到他所在城市的万达广场担任商管企业人事主管的职位，月薪大概是4000元。因为此前在制造业夯实了工作的基础，所以他很快就适应了新的工作环境，并且融入了万达企业的文化之中。至此，K的职场已经开始越来越顺遂。

一年之中，K在工作上的表现非常优秀，再加上万达要快速扩张，所以委派他去了另外一个城市的新万达广场，担任人事行政经理职位。这次调动，K的月薪达到了7000元，真正实现了个人能力上的蜕变，达成了自己职业发展规划中的第一阶段目标。在此过程中，K从一个孩子变成了真正的K先生，他事业有成，而且与在第一家企业认识的女孩组建了快乐的家庭，完成了人生的一件大事。

后来，K因为万达进行商业转型离开了万达，去了一家商业连锁企业担任集团人力资源经理。他最终的目标是进入地产行业，在万达工作的经历和积累的人脉帮了他，在进入一家外资商业地产管理公司一年后，他就再次成功地转换"跑道"，进入一家全国排名前列的房地产开发公司担任浙江区域的人力行政经理。此时，他的年薪已经超过了30万元。

细心的朋友看到这里可能会发现，K的工作时间及经历并不算完美，虽然这些年他一直坚持进行学历与专业技能的培训及提升，但对比其所在行业的其他人员，他的学历和专业技能并非很高。众所周知，房地产行业的薪资水平远远超过了传统的制造业，而高薪必须要相应的能力和水平来匹配。我经常提醒K，薪资并不能完全代表他真正的能力，是因为他做了一个正确且适合自己的选择，所以机缘巧合地进入了一个高薪的行业。从本质上来看，他还需要持续努力，因为在职位上，他要从经理到总监或副总，还是需要付出巨大努力的。我衷心希望K能继续努力，迎来好运。

那么，职场人如何才能实现逆袭呢？

很多应届毕业生在走出大学校园的时候很迷惘，当然，他们的迷惘并非始于毕业，其实早在高考填报志愿和选择专业的时候，他们就已经非常迷惘了。面对职业选择，他们因为缺乏目标的指引，没有找到明确的方向，所以就像没头苍蝇一样总是跌跌撞撞。因此作为应届毕业生，一定要珍惜自己毕业后的几年，因为这是实现个人职业生涯第一阶段目标的关键时期。在这个时期，

选择怎样的行业，走上怎样的岗位，对我们未来的职业发展和人生轨迹都至关重要。

进入职场之后，作为职场菜鸟，最想要得到的礼物就是一个好的导师，能够在艰难的境遇中给予他们切实有效的指导，能够帮助他们明确职业发展的方向，做好职业生涯的规划，这样就能事半功倍。尤其是很多导师还会督促他们用心工作，努力学习，成为他们的良师益友，也成为他们最严厉的监督者，这样他们的成长将会变得非常迅速。一旦得到上司的认可和赏识，他们就会充满自信，对于人生的未来也会有更理性的规划和更合理的预期。

进入职场一段时间后，新人们告别了菜鸟的称号，与同事们越来越熟悉，也有了一定的工作经验，还有可能积累丰富的人脉，拥有行业资源。在这个时期，最应该做的就是进行长远的职业发展规划，从而让自己每一分每一秒的努力都能够衔接并连贯起来，以发挥更强大的力量。人人都想在职场上实现逆袭，带着人生起飞，但是逆袭并不是简简单单就能做到的。每一场华丽的逆袭，都要付出长久的努力和坚持。功夫不负有心人，当我们足够努力，足够坚持，幸运也就会悄然而至，敲响我们的人生之门。

●中年突破：酒店女高管的生涯转型之路

人到中年，在生活中会迎来很多变化，在职业发展方面却会因为一成不变而感到心慌意乱。人生，就是在不变与变化之间向前行进着，我们既要学会坚持，也要学会突破和改变。如果改变是注定要发生的，是无法逃避的，那么与其被动地应对改变，还不如积极地去寻求改变，这样才能提前做好规划，拥抱变化。

和主动出击相比，被动接受多了几分无奈，也会在仓促之余不知道如何应对。相反，尽管主动出击也会带来变化，但是这样的变化却是我们盼望发生的，也能够给我们带来很多的惊喜。即使有些变化会出乎意料，我们也能够从容应对，因为这些变化是我们想要的。突破求变，是每一个职场人都该有的态度，也是每一个职场人都该做好的准备。只有突破求变的人，才能做到从容面对变化的发生，也能胸有成竹地应对变化。在积极求变之后，那些不期而至的变化就无法扰乱我们的计划，反而可以借助于很多机会，利用这些变化为自己谋求更好的发展和成长。在从事职业生涯规划的时间里，我接触过很多个案，那些主动求变的人总能得到更好的发展，而那些被动地应接不暇地接受变化的人，则常常仓皇失措。

一天下午，一位资深酒店高管Y给我发来信息。她是我的一个老朋友，我们已经认识很多年了。听她说个人职业发展遇到一些困惑，我当即应邀前往。Y进入酒店行业之初，起点很高，虽然是从餐饮部基层开始做起的，但是她就职于一家五星级酒店，规格还是很高的。若干年过去，她已经成为一家本土知名酒店连锁集团的区域总经理，还兼任公司副总。时至今日，她已经在酒店行业工作了近30年，是个不折不扣的资深人士。更让人惊讶的是，她一直在这家企业工作，是这家企业的忠诚员工。

我刚刚到了Y的办公室，她就迫不及待地告诉我，因为合作理念上有了分歧，企业合作的一家知名餐饮企业提前终止了合作。原本，Y作为企业派出

的一名重要管理成员，专门负责与这家餐饮企业接洽，常驻这家餐饮企业。既然合作终止，她也就只能带着团队成员一起撤离，回到宁波，临时担任另外一家子企业的副总经理。众所周知，一个"副"字，就拉开了与正职的差距，虽然名义上是副总，实际上却是个闲差，就是等待分配。她告诉我，公司计划开一家大型综合性酒店，但是公司跟投资方有对赌协议，所以她也许会成为新酒店的副总，也或者会面临失业。毕竟在她外派期间，公司总部已经一个萝卜一个坑地满员了，根本没有合适的岗位再安排她。

我知道，她是一位特别务实的酒店职业经理人，但让人尴尬的是，她不管外表看起来多么年轻和神采奕奕，真实的年龄却已经接近50岁了。从她的表达中，我明显感受到她内心的焦虑，想去找老板摊牌，但心中毫无底气，也不知道应该如何去谈；想果决地离开，但是缺乏以后的职业发展方向；想自主创业，可因为之前也曾短期离开公司，尝试过一次自主创业，最终以失败告终。放眼望去，似乎可行的每一条路都被堵死了，她就这样从事业风声水起的状态，即将跌入失业的深渊。

经过详细了解情况和一番认真细致的分析后，我鼓励她主动去找老板沟通，一定要勇敢，既然事情已经这样了，与其胆怯地等待，不如选择主动谈判。我还建议她正好抓住这个进退两难的契机，争取成为一把手，再也不要当副总。对她而言，这既是绝境，也是生机，最好的结果是能够承揽这次建设综合性酒店的任务，得以翻身。听到我的分析，原本郁郁寡欢的她突然间充满了信心，她开心地对我说："是啊，风险与机遇并存，我是时候赌一把，拼一次了。"事实证明，她获得了成功，非但没有因此而失业，反而抓住了千载难逢的好机会，成功地把自己推销出去，摘掉了"副总"的称号。

人在职场，发展不可能一直顺遂如意，常常会面对各种突如其来的变故，或者受到意料之外的打击。但只要内心笃定，提前做好充足的准备，就能做到兵来将挡，水来土掩，就能从被动守势变成主动攻势，从而占据先机，把握主动。我在为很多人进行职业规划咨询服务的过程中，看到机会面前真的人人平等，只是有些人够果断有魄力，能够抓住机会，而有些人却总是犹豫不定，瞻前顾后，因而眼睁睁地看着机会从自己的面前溜走。其实人人都是潜力股，我们要做的就是激发自己的潜能，不能埋没自己。最重要的是要有自信，要坚持自己内心的想法，而不要人云亦云，更不要盲目从众。拼一次，也许就能抓住机会，如果总是消极等待，那么就会被机会抛弃。

然而，很多人被固定模式的现有生活禁锢着，也被墨守成规的思维模式死死地捆绑着。但如果要想做到主动出击，就一定要突破旧的思维定式，才能鼓起勇气，寻求跨界发展。

主动争取说起来很容易，但是真正做起来，要想得到预期的结果，就要做好充分的准备。主动争取的前提也是在平日里坚持储备能量，坚持学习。如今的时代中，人才迭代的速度越来越快，只靠着年龄和经历是无法从新生代力量中胜出的。作为资深的职业经理人，更是需要适应时代的变化，重新给自己定位。要从本质上改变思维的模式，突破思维的困局，打开想象的空间。例如Y的行业定位不必始终局限于酒店业发展，既然都是服务行业，她还可以围绕现代服务业中的优势产业进行职业生涯规划。如今，青少年素质或艺术教育行业发展势头强劲，以Y的能力及长期服务业的高管经历，即使转行进入青少年教育行业，假以时日，也定会有很出色的工作表现。当然，年近50的她与其动，不如静，如果在安稳的状态中还能谋求发展，那是更好的结果。所以我

建议她先主动与老板摊牌，当心中已经接受了最坏的结果，人们原本忐忑不安的心反而能够放松下来，让自己更加从容。这就是勇气的力量，作为下属，必要的时候也要学会"管理"老板，这是一门艺术。很有可能，老板也在等着她表现出主动的态度。我很期待Y在新岗位上大显身手，也希望无数的职场精英都能适应共享经济时代职场上的飞速变化。

●不惑之年：尴尬的你还能更换职场跑道吗

继"35岁现象"之后，40岁就这样急急忙忙地冲撞而来，猝不及防，让人只想逃避。大多数人认为，在职场上，40岁是一个尴尬的年纪，既没有了年轻人的劲头，又不像那些"老杆子"一样可以吃老本。正是出于这样的心态，很多人到了不惑之年，只想保住工作，而不想四处求职碰壁。然而，职业是否会发生变动并非我们主观就能决定的，用人单位经常会发生人事变动或者进行内部的调整，在这样的情况下，不管我们是否愿意，都只能服从安排。难道我们只能这么被动吗？有没有什么好方法，可以帮助我们渡过40岁的危机呢？人到中年，虽然不惑，却总是战战兢兢如履薄冰，这种滋味并不好受。

在最近一年的职业规划咨询过程中，我明显地感觉到40岁左右的人群迫切需要进行职业生涯规划。通过大量的案例，我们得以清晰地洞察到，时间点的把握对于一个人的成长起着决定性的作用，每个人都必须有可持续的职业生涯发展规划及定位，核心在于转换个人的思维方式，进行自我认知。

M先生刚刚40岁出头,他是工科类大学专科毕业,毕业后就进入本地的一家外资制造企业,从最基层的工人实习岗位开始做起,后来晋升为中层管理者,最后如愿以偿地做到总监。两年前,他因为工厂搬迁到外地而无奈离职,去了朋友的互联网企业工作。一年后,他跳槽到一家"互联网+企业"担任人力资源总监。然而,他最近面临家庭的变故及企业的变革,不得不选择再次离职,对自己重新进行定位。

S先生出生于20世纪80年代初,2003年,从机电类中专毕业,一直在化工行业工作,从基层技术员做起。他不到两年就要跳槽,只在中间时段用将近8年就职于一家公司。他现在从事的工作是资深设备主管,只有一年的从业时间。但是,他并不安分,又想寻找新的职场跑道,转型去其他行业的制造业工作。

J先生42岁,管理类大专学历,在本市一家知名制造业集团工作多年,离职后去了一家地产公司担任人事行政经理,只工作了很短的时间,就辞职去了一家制造业集团型企业工作了5年。现在,他的职业发展遇到"瓶颈",面临着下一个职场的选择。

看看M先生、S先生和J先生的情况,作为读者的你是否也深有感触,甚至感到沉重和无奈呢?人到中年,比年轻比不过应届毕业生,比经验比不过"老杆子",而且还面临上有老下有小的人生困境,时间和精力都大不如前。在这种情况下,想要重新找到一份好工作非常之难。然而,生活总要继续,接下来只能加速进行职业生涯规划,才能在迷惘之中看到一丝丝光亮,才能为自己谋划好未来,才能有更好的成长。

也许有人以为,只有那些到了不惑之年在职场上只是名不见经传的小角色，才会受到40岁的困扰。其实，这样的理解是非常狭隘的。漫长的职业生涯规划服务告诉我，饱受40岁困惑折磨的人，除了那些事业无成的小角色之外，还有很多事业有成的成功人士。他们在公司里担任中高层管理者，年薪至少30万元，有稳定的居所，有幸福和睦的家庭，可谓功成名就，家庭事业双丰收。但是，他们同样也会面临困惑，即使他们已经是公司的总监，甚至在公司里一人之下，万人之上。

通过对比，我们发现，所有在职业发展上获得成功的人，都至少在自己熟悉且擅长的领域精耕细作了6年。然而，正当他们如同老黄牛般埋头苦干，兢兢业业的时候，猛一抬头，却发现自己已经看不懂外部的世界了。他们坦言，从未考虑过45岁之后的职场发展问题，还以为一切都可以这样继续下去。可是职场上，从来没有岁月静好。

和他们恰恰相反，那些到了不惑之年却依然在职场上默默无闻的人，则是因为没有找到自己的位置，他们每隔一两年就会更换职场跑道，使自己的很多段职业经历都被荒废了。他们没有职业目标，也没有在某一个方向上深入积累，谋求发展。所以他们一直在重复劳动，并没有通过不断的积累使自己的经验得到升华，使自己的职业发展得以衔接和连贯，这正是他们职业发展原地踏步的根本原因。他们之中，绝大多数人缺乏持续而有目标性的学习，因而会面临成长和发展的困境。

人生已届不惑之年，不管你是否愿意承认，即使作为40岁高龄的职场精英，你也必须考虑未来十几年的职场道路了。如果你不想中途被突然舍弃，你就必须重视职场上的"40岁现象"，也要认真反省自己到底哪里做错了，如何进一步调整下一步的职业生涯发展规划。要想顺利度过40岁的职场之坎，必须注意以下三点。

首先，有目标地学习，坚持成长。

成功者之所以能够获得成功，是因为他们总是能够抓住正确的时间节点并做出正确的事情。为了做好准备叱咤职场，就要未雨绸缪进行职场能量储备。上述事例中，M与J两位先生均存在一个学历没有持续提升的问题，要在企业中担任总监及以上职位，至少需要本科及以上学历，如今，人才迭代速度越来越快，过去个人积累的一些所谓的经验已成为过去时。虽然很多人懂得这个道理，但是却很少有人能够对自己下狠手，逼着自己去提升学历。也许这个念头始终盘旋在心头，但是却从未真正展开行动去做，这使得无数人都失去了宝贵的学习时间和学习机会，等到没有学历不行的时刻，才懊悔自己为何之前没有努力，显然现在为时晚矣。机会对于每个人都是平等的，面对千载难逢的好机会，即使我们具备各个方面的条件，而唯独学历不够，也有可能被企业拒绝，尤其是一些知名企业，为了极大力度地提升从业人员的素质和学历水平，就更是对学历要求铁面无私。如今，很多企业已经要求高层必须拥有硕士学历，未来这会成为趋势，也会成为晋升的标配。

几十年前，知识更新的速度很慢，大学生走出大学校园，仅靠着大学里学到的知识，就可以工作很多年。但是现在，很多大学生深刻意识到，一旦走出大学校园，还没有进入职场呢，所学习的那些知识就开始落伍了，已不能符合现代社会的需要了。所以我们要端正学习的态度，把进入职场作为学习的开始，而不要作为学习的终结。我们必须弄清楚一点，那就是我们之所以学习，是为了实现职业生涯发展目标而做准备，而不是单纯的学习。也要再次重申一个观点，就是一定要尽早确定职业生涯发展目标，只有在目标的指引下，学习

才能有的放矢，发展也才会卓有成效。

其次，不要把自己看得太重，一定要定期复盘。

很多人虽然正在从事某个行业的工作，但是对于行业的发展现状却缺乏认知。他们局限在固有的思维模式中，觉得自己只靠着吃老本就能获得很好的发展，因而思维模式僵化。常言道，人生如同逆水行舟，不进则退。在竞争激烈的现代职场，如果我们总是原地踏步，那么很快就会被远远甩下。尤其是当面对千载难逢的好机会时，我们如果不能提前做好准备，就只能眼睁睁地看着机会从眼前溜走，而下一个机会不知道何年何月才会再次到来，甚至有可能再也不会光临，这当然是让人遗憾的，也让人扼腕叹息。

作为公司的高层管理者，千万不要把自己看得太轻，觉得自己就是个打工的，只是为赚取薪水而工作；也不要把自己看得太重，觉得公司少了自己就不能运转，从而失去危机意识。高明的高层管理者具备老板的思维及格局，会从经营者的角度考虑本职工作，而不仅仅是简单执行老板的命令。尤其需要强调的是，高层管理者必须具备经营思维。因为只有把自己当老板的人，才能真正成为老板。

M先生告诉我，他在第一家企业的最后两年中，老板一直在国外，所以都是他和其他几位经营团队的管理者负责日常经营。在这两年里，他进步最快，因为老板一直在以遥控的方式引导他们从经营的角度考虑问题，也给了他很多的机会为公司做决策。在管理实践的过程中，他也有很多的顿悟，让他学会了从主观的局限中跳出去，以更全面的视角看待和思考问题。所以职场人士一定要定期对自己的工作行为做复盘，也要积极主动地展开反思，这样才能得到更快速的成长。

最后，心怀希望向钱看，定期清零没负担。

世界始终处于日新月异的发展和变化之中，我们应该对于时时更新的世界有充分而又清醒的认知。世界那么大，宇宙那么辽阔，一个人不管身份多么高贵，拥有多少金钱，都只是一粒微小的尘埃。真正成功的人，是那些能够在世界上留下痕迹的人，例如居里夫人，两次获得诺贝尔化学奖，为人类的发展做出了贡献，她才是值得钦佩和敬畏的成功者。

职场道路不进则退，是一个长期发展的过程，需要坚持前行与反思。事例中的J先生工作了那么多年，还只是一个主管，年薪才只有15万余元。最近，他去应聘一家制造业的中层管理岗位，给自己开出了20万元的年薪，结果被一口回绝，毫无商量的余地。巧合的是，我也采访过那家企业的总经理，他告诉我，其实不是钱的问题，关键是J先生自己都不知道自己为什么值20万元年薪，而且对未来的职业道路缺乏清晰的思考，总是沉浸在过去的成就中，心态很浮躁。俗话说，好汉不提当年勇，没有哪一家企业希望员工活在过去的成功中，而不能在当下为企业做出贡献。由此可见，作为中年职场人，一定要学会对过去说再见，把曾经的职场经历清零，才能怀着空杯心态去坚持学习，才能怀着谦虚的心态积极进步。这其实也涉及职业认知，J先生认为自己只是在找工作而已，并没有意识到自己需要对过去的职场生涯做一个总结及归纳，也就无法提炼出自己真正的职业价值。那天，我和J先生通电话，建议他找到合适的行业，从事生产运行方面的工作。他感到很惊诧，因为他从未有过这个方面的考虑。我很清楚，他真的需要好好想一想了。

人到40岁，理应不惑，但是是否疑惑并不取决于年龄，而取决于我们的思考。尤其是在职场上，还取决于我们对待职业的心态和对于人生的规划。40

岁就像人生的分水岭，人生已经过半，如果还继续浑浑噩噩，不能准确定位自己的目标，不能朝着目标奋进，那就是莫大的悲哀。从现在开始，请怀着一颗平静的心，多多思考自己的职业发展吧，不管你此刻是小职员，还是公司高管，你都需要完成这个人生的重要答卷。只有回答得圆满，我们才能在未来有更好的职业发展，否则只会更加失落，更加沮丧，甚至更加绝望。只要想得清楚，做得明白，哪怕已经40岁了，也还是职场上的中流砥柱，还大有可为呢！即使转换职场跑道也没关系，此前积累的种种，都会在未来派上大的用场！

● 突破"瓶颈"：从中层到高层，实现职业生涯跨越

在职业生涯咨询服务中，我接触了很多职场中的中层管理人员，他们大多已经40出头，或者正在寻求职场转型的机会，或者已经破釜沉舟地更换了职业跑道，也或许正在抓住青春的小尾巴向高层进军，还有极少数人已经成为公司的高层管理者，或者是总监，或者是副总。然而，他们都在变换职场跑道的过程中或者已经换完职场跑道之后，因为各种各样的原因选择了离职，导致个人生涯发展暂时终止，这是为什么呢？

前文，我们刚刚说过人到40岁面对的职场困境。对于人才辈出的职场来说，40岁其实已经不算年轻人，更不是生力军。很多人到了40岁，最大的愿望就是保持稳定，根本不敢更换职场跑道，更别说跨行了。不得不说，他们都

是非常勇敢的，只是在实际操作的过程中出现了一些偏差，或者出现了小小的失误，所以才会导致职业生涯的断裂。大多数中年职场人面临着从中层到高层的晋升困境。在任何一家公司里，每个职位都会严格控制人数，这是因为每多一个人，公司就要多背负一些成本。这样一来，很多中层管理者在向高层晋升的时候，如果公司正好处于稳定状态，而不是处于发展时期，那么就没有那么多职位可以晋升。僧多粥少，是很多公司面临的发展困境，要想先人一步得到晋升机会，就要做好准备，既熟悉行业发展，也对公司发展规划了然于胸，才能早下手为强，趁着别人还没有回过神来的时候，就捷足先登。

说起40岁这个尴尬的年纪，我印象颇深。因为我正是在40岁选择了职场的重大转型，我也是一个勇敢的人。不过在此友善地提醒大家，千万不要想不开去创业，特别是为了寻找所谓的创业感觉而去进行所谓的创业，千万慎重！慎重！慎重！在大多数人眼中，我是选择了一条不归路。他们从未想到我居然会去创业。我就这样义无反顾地开始了创业之路，选择了我所喜欢的人力资源顾问及服务行业，这与我此前的经历有延续性。创业最大的好处是什么？如果非要让我说，那么就是让我直接从多年的中层管理者一步登天，直接跨越到了公司的高层，也就是决策层。公司虽小，但是五脏俱全，我就这样对公司的经营与发展肩负起了全部的责任。当然，在此过程中，我付出过巨大的代价，也遇到过普通创业者及企业经营者所遇到过的所有困难。我从来不是一个聪明人，悟性更是很差，最重要的是还没有什么基础。在经营公司的14年中，我遭遇了很多次归零的状态。不过唯一值得庆幸的是，虽然我的能力一般，但是我顽强不屈，喜欢破釜沉舟，很少会给自己留下退路。所以公司成立14年来，在我的带领下，一直顽强屹立着，从未倒下。总结14年的创业经历，我对能做自己喜欢的事情，感到非常幸运。又因为得到了很多客户和候选客户的鼓励、支持与认可，我才能一直坚持至今。

作为职场过来之人，我真心建议大多数职场人士应该脚踏实地留在职场持续发展，不要想得太多，也不要把很多事情想得太容易。古人云："不积跬步，无以至千里；不积小流，无以成江海。"对于每个人而言，储备能力都是当务之急。只有在具备能力的基础上，对职业生涯发展的规划才能变现。尤其是那些中层管理者，回头看看自己从基层升职到中层的经历，更是要耐下心来持续努力。要记住，机会总是留给有准备的人，只有面面俱到做好全方位准备，才能在机会到来的时候准确抓住。对于从中层晋升高层，我建议必须进行以下几个方面的突破。

第一，思维突破。

中层管理者更侧重于执行，高层管理者才有更多的机会参与公司战略及实际经营层面的辅助决策。虽然中层管理者继续晋升，就会进入高层决策层，但是中层与高层处于不同的层面，所以要想顺利晋升，首先需要突破思维。具体来说，就是要突破思维空间，也就是突破习惯思维，打开思维的空间，形成发散思维。在这个世界上，"没有做不到，只有想不到"，中层与高层的最大思维区别在于，要突破思维的想象空间，唯有积极思考，才能想到更多的工作思路及策略。

此外，还要突破思维逻辑。管理的本质是讲逻辑的，中层与高层最大的区别是实施管理的时候，思维要有逻辑性，要能够对实际的工作进行分解，按照逻辑性布置给下属，并给予下属必要的引导和帮助，助力下属完成工作。相比之下，中层则更多是负责执行。所以作为中层管理者，要能够站在公司高层，甚至是公司决策者的高度去思考管理问题，并且能够脚踏实地去圆满完成本职工作。不管从哪个角度来说，只要那些在工作上表现出类拔萃的人，就能快速引起公司关注，这一点是毋庸置疑的。要想更好地完成工作，必须具备逻辑性思维。所谓逻辑性思维，就是在具体工作事务中，把普通人眼中乱成一团的各项事情，通过思维梳理，不断归类、规划、整合并最终形成工作进度计划与实施方案的过程。从本质上来说，这就是经营思维，我们必须具备整合公司内外已知及未知资源的能力，才能形成经营思维。

第二，个性突破。

从中层到高层，很多中层管理者在专业能力储备方面已经达到了晋升高层管理者的要求，但是为何迟迟得不到晋升呢？除了因为缺少所谓的机会之外，真正的原因在于他们无法突破自己的个性。这与我们所在的民族氛围及区域文化、家庭成长背景等存在着紧密联系，很多人即使在合适的时机，也没有勇气跟决策者摊牌或者博弈。在更多的时间里，他们不断地自我责疑、自我否定，最终错失良机。

不久前，我见到了一个多年来一直跟我保持联系的学员。他持续在一个行业工作了10多年，还有过海外留学背景，是不折不扣的职场精英。目前，他是业内一家知名公司的市场总监。他原本可以有更好的发展，却因为有一个致命的缺点，就是缺乏竞争的勇气，而错失了良机。他面临操盘公司新项目的机会时，虽然内心深处不甘心现状，但他一直在自我否定、自我质疑。甚至在潜意识中认为，他的能力只能勉强做好目前的工作。这就是典型的思虑过多，足见在很多时候，只有聪明并不是一件好事情。做企业最需要的是勇气，面对形形色色的机会，不去尝试，怎么能知道胜败得失呢？在绝大多数情况下，即使空想100次，也比不上行动1次。所以行动起来吧，我们都要努力争取属于自己的机会，我们都要突破自己的个性，让自己真正放开手脚去拼搏。按照最坏的情况去设想，当所担心的情况真的发生时，其实也没什么大不了的。

第三，格局突破。

格局是什么意思？近些年来，格局貌似很流行，很多人把格局挂在嘴边，似乎如果不说格局，就意味着自己已经被时代抛弃了，落后于潮流。人本来就是个矛盾体，人性本来就很自私，潜意识中，我们在做利益选择的时候，会在本能的驱使下优先考虑自己的利益。但是如果你想从中层走向高层，成为高层管理者，就必须具有一定的觉悟与高度，至少不能跟下属争利益，这是最基本的。在必要的情况下，还要进行换位思考，站在下属的角度去思考问题，更多地为下属着想，这才是合格的管理者。

有过空降到民企做管理经历的人都知道，民企是有特殊性的，在民企似乎一举一动都被人盯着，而且总是被提出很多的条件和很高的要求。有的时候，莫名其妙地你会发现自己被告了黑状，简直觉得自己比窦娥还冤。但是，这并不意味着你有权利申冤。只有用事实证明自己的能力足以匹配职位，你才能赢得大家的认可和尊重，也才能真正在企业中站稳脚跟，为自己赢得一席之地。不要觉得自己很委屈，这就是你要面临的现状，你需要学会应对这样的局面。在你前面，也许有很多前辈选择了离职，不是因为他们的能力不如你，也不是因为他们没有你聪明，只是因为他们不能忍耐，不能卧薪尝胆。

和学生一样，每一个新进公司的人都需要学习。哪怕你有十八般武艺，也不要一下子全都使出来，一是企业受不了，二是你很快就会黔驴技穷。每一个人都要先保证生存，然后再寻求发展。在工作的过程中，每当企业遇到危机的时候，你就可以通过一些具体事项的实践，帮助企业、上司或者下属解决具体问题或困难，初步赢得他们的信任，然后才能逐步施展你的才华。在这个过程中，"单元测验""期中考试"等"考验"都是必不可少的。只有稳住阵脚，才能生存下来，只有生存下来，才有机会去做更多的事情。在此过程中，你必须时刻保持清醒的头脑，有独立的判断分析能力，才能从容应对各项挑战甚至是挑衅。

总而言之，从中层到高层，要经历漫长的过程。没有谁的晋升是一夜之间就能够实现的，职位越高，能力必须越强，在各方面的表现也就必须越突出。唯有突破，不拘小节，把眼光放得更加长远，我们才能寻求内在真实的自己。大道至简，我们要做好个人长期生涯发展规划，才能在职业发展进程中实现跨越式发展。

职业总经理修炼记：从人力资源总监到职业总经理

很多人在35岁之前换工作，顶多叫跳槽，而在40岁前后换工作，堪称是转换职业通道。尤其是在跨界的情况下，转换职业通道的难度大大增加。前文说过，在职场上，40岁是一个很尴尬的年纪，按照平均25岁进入职场计算，40岁的人已经在职场中打拼了15年，理应是做出成绩的时候了。在这个年龄段，如果还是默默无闻的小职员，那么可想而知下半辈子也就这样了。有些人虽然已经小有成就，但对于继续保持现状也心有不甘，那么就要抓住机会，进行提升，让职位得到晋升，让薪水得到暴涨，这才是畅意之事。

在来找我咨询的人中，很多人对于自己的职业生涯发展前途感到迷茫，也有极少数人小有成就。面对着职业生涯中至关重要的转型，他们感到很紧张，也非常慎重。的确，搞不好就会鸡飞蛋打，把他们此前的奋斗成果全都化为虚有。当然，如果转型成功，接下来也许就会晋升到更高的职位，在更为广阔的平台上实现自己的人生价值。有的时候，薪资并不是最重要的，最重要的是，人到中年，总是希望自己能够到达金字塔的顶端，或者至少要到中上部，也不枉费这一生费尽心思地钻营，拼尽全力地奋斗。如果这一搏不成，只怕保持现状就会成为空想，因为年纪越大在职场上的竞争力就越弱，所以凡是动了进取心的人都会抓住机会奋力拼搏。人们常说人生不进则退，在职场上，这个道理也同样适用。

我的一位朋友G因为始终都在为中年危机下的拼搏做准备，抓住了千载难逢的好机遇，所以成功地从人力资源总监晋升为职业总经理，使职业生涯得到了提升。

G是从同行那里得知，本市的一家机械类制造工厂的职业总经理离职已经一年了，在这一年里，老板一直亲力亲为管理工厂，现在因为身体原因，想重新聘请一位职业总经理来负责管理工厂的整体运行。他还打听到，前职业总经理从企业产值3000万元的亏损状态，通过改革及4年的合作，使企业产值达到1.7亿元。后来，前职业总经理因为各种原因离职，老板伤心欲绝，曾发誓不再与职业经理人合作。通过朋友圈，G费尽周折终于得到了此工厂老板的手机号，并委托我与老板沟通，为他争取职业总经理岗位。

现实情况是，这位老板非常挑剔，在面试一位有同行总经理背景的候选人时，只是因为看到该候选人把羊毛衫穿在西服里面，就认定该候选人个性保守，所以彻底放弃了他。通过与老板的几次沟通，我感觉到他很重情义，几次三番提到前职业总经理。为了加深对老板的了解，我想方设法找到了前职业总经理的资料，经过判断分析，觉得G是与前职业总经理比较接近的人选，对于完成G的委托，又多了几分胜算。

我很快就整理了G的职业经历和相关资料，只为了让老板能对G感兴趣。经过充分的准备，我安排了G与老板的会面，果然，老板对G的籍贯和前职业总经理相同表现出了浓厚的兴趣，又在了解了G的职业背景和从业经历后，与G一拍即合。他们很快就确定了合作意向，就这样，G通过自己的努力争取，再加上我的辅助，得到了心仪的工作机会，从人力资源总监，一跃成为职业总经理。能够得到这样的结果，我感到很欣慰，很满意。

很多人以为做猎头是很简单的事情，只要像媒人一样牵线搭桥即可。他们不知道，猎头可是个苦差事，在客户与候选人初步确认合作意向之后，还要跟进薪资洽谈，等到双方针对薪资标准达成一致后，才能进入入职及报到阶段。在此过程中，任何一个环节出了问题，都可能会导致前功尽弃，项目失败。就在我为G终于得到了心仪的职位感到高兴时，却传来了一个坏消息：G与老板在薪资洽谈沟通阶段出了意外。虽然好事多磨，在90天后，G还是去了这个工厂报到，但是其间的过程真可谓曲折。

人们常说，煮熟的鸭子是不会飞的，但是偏偏有些时候，煮熟的鸭子也会飞走。在好不容易促使G与老板达成初步合作意向后，他们开始洽谈薪资标准。因为他们全都希望我作为中间人来洽谈薪资，所以老板把他的薪资标准发给了我，G也把他的薪资期望发给了我。但是次日，老板就出差了，所以针对薪资的洽谈，要等到老板回来后再继续进行。可是老板出差了整整一周，G等得心急如焚，又因为背着沉重的房贷压力，所以就选择去了杭州另一家企业报到。

老板得知他好不容易看上的职业总经理居然花落别家，赶紧让我联系G是否还想去他的企业上班，而他对于G的薪资期望也完全可以满足。我看到老板非常真诚，建议他在我的陪伴下亲自去杭州拜访G。就这样，当天晚上，我从宁波出发，老板从工厂所在地出发，我们一起奔赴杭州。这次三方会谈是非常坦诚的，G抛开面子问题，说了自己的各种难处，老板也很真诚地表达了自己的歉意，并且表现出与G合作的强烈意向。这一次会面，我们把很多细节敲定了。G回复他需要考虑一下，因为他已经在杭州签订了合约，租了房子，临时毁约会导致他损失惨重。后来，通过我在其中协调，挽回了G的租房损失，G终于去了这个工厂报到。在这家企业里，他和老板合作很愉快，一直工作了6年多才离开。

很多老板渴望得到人才，而很多人才也希望能遇到伯乐类型的老板，这样才能合作愉快，才能让自己得到更好的发展。然而，除了要考虑职业发展规划之外，我们人到中年，还需要承担巨大的生活压力，有的时候选择一份工作并不仅仅是从自身的角度出发考虑，而是会受到各种因素的影响，也使决定做得不那么容易。幸运的是，G遇到了一位好老板，为了让他能够回心转意，甚至不惜放下老板的身价，去杭州拜访他，甚至可以说老板就是G的伯乐，如果没有老板的努力争取，G和老板的合作也就不会那么顺利。

我从事猎头工作10年中，这个老板是最理性的，也是最懂得摆正自己和职业经理人位置的，他还非常开明，懂得授权。虽然他的企业规模不是最大的，但是在行业内也算隐形冠军。争取到G这个人才之后，企业得到了更快速的发展，老板非常信任G，对他委以重任，他们配合默契、惺惺相惜，这是企业之福。

人才与企业的匹配与默契配合，最终将会得到双赢的结局。作为人才，当然想找到用武之地，施展自己的一身才华；而作为老板，当然想找到一个值得托付的人，为自己分忧解愁。在职场中，人才与企业之间常常会出现错位，这也是为何人才市场上始终挤满了那么多的求职者，而作为真正想要用人的老板，却总是寻觅不到自己想要的人才的原因。作为职业生涯规划咨询师和一名猎头，我想我们存在的意义正是在人才和企业之间搭建一座桥梁，形成隐性链接，将他们进行精准匹配，让他们的需求都得到满足。同时，结合企业发展战略及人才个人的职业兴趣与定位，帮助人才设计个人在企业长期发展的职业生涯规划，以确保双方的合作长期有效，达到双赢。

第四章

生涯发展之创业篇

有些大学毕业生不愿意就业,而只想自己当老板,所以就带着初生牛犊不怕虎的心态当起了老板。反而是那些在职场上摸爬滚打了很多年,深知生存艰难的职场老人,在进行职业转型之际,虽然既有资金又有经验,但是对于自己当老板,却怀着非常慎重的态度。当然,如果有野心也有志向,选择自主创业是很明智的,虽然辛苦,却可以体验一下自己当老板的滋味,如果创业成功了,那带给自己的收获将是巨大的。不管带着怎样的心态,创业都是一条艰难的道路,要走好这条路,必须了解自己、了解市场,未雨绸缪,提前做好规划,来增加成功的概率。

无畏归零：一个服务业财务经理在制造业工作的新起点

很多时候，并非我们所愿意，我们就会突然面临职场转型。面对不同的行业背景，面对跨行业就业的局面，我们常常会感到迷惘和困惑，不知道自己需要做好哪些准备，才能进入新的行业开始工作，加之我们对新企业缺乏了解，因此也会变得没有自信。这是非职场新人在面对职业通道变轨时的不安和困惑。换一个角度来看，企业在招聘人才的时候，为了让新进人员更快地适应工作，它们会优先聘用有类似行业背景的人或者是同行业人员。只有为数不多的企业才愿意亲自培养人才，所以它们会选择聘用应届毕业生或者是那些跨行业但是愿意从零开始的人。这就相当于选择了潜力股，虽然对于未来的预期是很好的，但是最终会得到怎样的结果，谁也不知道。在企业和人才的共同努力下，如果彼此适应、彼此促进，那么企业和人才就会实现双赢。当然，这样的圆满结局，离不开人才的归零心态。作为企业，在进行职业规划的时候，就要考虑到人才能否长久地留下来为企业效力，能否与企业齐心协力、共谋发展。

对于一个有一定职场经验的人来说，清零需要勇气，更要承担风险；对于愿意聘用跨界人才的企业来说，同样也要承担风险。然而，人生面临着无数的变数，尤其是职场，更是处于瞬息万变之中。一味地逃避改变，并不能真正助力我们成长。如果改变是不可避免的,那么我们就要积极地迎接改变的到来,而不是畏惧和退缩。

我曾经受一家民营制造业企业董事长的委托,搜寻一名财务经理人选。在与该董事长碰面后,我们一起对财务经理岗位人选进行了定位。这家民营制造企业地处偏远,并不在宁波郊区,从地理位置上来看,其处于不利地位。但是财务经理的岗位对于企业发展至关重要,必须要一个优秀可靠而且稳定的人才能胜任。客户的前任财务经理在企业工作了10余年之后,因为孩子就学,才选择离职。因此在物色新的财务经理之际,我建议该董事长在本区域寻找一名男性作为财务经理人选。他可以是本地人,也可以是外地在宁波定居的人。在学历上,我建议一定要原始财务类本科或以上学历,因为大学能够帮助企业甄选优秀的人才,毕竟能够达到原始本科学历的人才,在一定程度上是很聪慧的,不管是反应能力还是学习能力,都至少处于中上水平。考虑到客户行业的特殊性,我们在专业上对于人才的定位是需要熟悉财务管理软件,最好有推行财务管理软件的经历及一定的财务团队管理能力,并且有良好的职业心态;最好愿意从主办会计做起,用一段时间来熟悉财务工作和企业流程、产品与工艺,从而了解企业,获得内部认可。

最终,我们物色到一位刚从外地过来宁波发展的财务经理人选。他有十几年从业经历,此前一直在外地工作,因为妻子及妻子家人都在宁波,所以才选择来宁波发展和定居。而且,他已经在宁波购买了商品房,是有稳定住所的。我很快就电话邀请这位之前从事财务工作的人见面,暂且叫他R吧。R给我的第一印象是憨厚老实,他虽然住在郊县,但是却提前5分钟出现在我的面前,让我对他产生了好感。我见过很多有所成就的求职者,不说是阅人无数,也是有一定识人能力的。还没和R沟通,我已经初步对他的能力、品行有了一定的评价。所谓相由心生,一个人的言谈举止能够代表他的内在特质与潜力,同时也能在一定程度上反映出他的价值观。作为经验丰富的猎头,总是能通过观察候选人的表情与行为,得到很多有用的信息。

经过一番沟通,我对R的了解更加深入。他来到宁波之后,知道宁波是一座制造业之城,所以还是很愿意加入制造业进而从事财务管理方面的工作的。在此之前,他一直在工程及服务业从事财务管理工作,并没有制造业的财务工作背景。要想转换跑道,跨界加入制造业,他需要机会,也需要战胜很多不确定因素。我开门见山地为他做了个人生涯发展规划的建议,认可了他去制造业工作的计划,也跟他介绍了客户企业的实际情况,直接指出了他的几个不足之处。在我的建议下,他愿意制定3~5年的个人生涯发展规划,也很想根据我的提醒弥补不足。那么,我对R的建议是什么呢?

首先,突破思维,成为承上启下的中层管理者。又因为财务工作的专业性和特殊性,所以他还需要从企业总体运营和经营的角度出发,通过分析财务数据来为企业决策者提供经营的财务分析报告,并且控制经营过程中的诸多不确定性风险。作为财务工作者,绝不是记账那么简单,而是要站在一定的高度处理好财务工作。

其次,无畏归零,愿意从基层做起。虽然他在外地的一家服务企业担任过财务经理的职位,但是如果他在最初加入制造业时就担任财务经理这样重要的职位,也是很不妥的。跨界换轨,他必须给自己一个了解及融入的过程,积极转换心态,从普通的财务人员做起,经过一两年的努力,在得到企业认可之后,再顺其自然地升任财务经理,这样对企业及对他个人都是一种保护,也称得上是合理的途径。

最后，改变个性，放开手脚，大胆去干。通过观察和沟通，我判断他应该是一个很内秀的人，底子很聪慧，但是看起来有些腼腆，不善言辞。我建议他尽快锻炼演讲的技能，培养逻辑思维能力和组织策划能力。在职场上，这些是管理者提升领导力所必须具备的能力，要想加速提升的进程，可去参加一些大型的演讲活动，通过不断的上台演讲，来提升思维、组织和表达能力，从而逐步打开个性。此外，我还建议他提升专业水准，考取国家注册会计师等专业证书，为此我把他推荐去我的一个朋友那里，我的朋友很擅长进行专业的财务管控和人才培养。显而易见，这对R快速融入企业、达到企业的要求并做出成绩是大有好处的。

幸运的是，董事长也非常认同我的观点，接受了我对人才定位及人才使用的建议。在后期复试的时候，董事长与R进行了深入的沟通，基本同意我对R的判断和认定，很快就正式聘请了R。进入企业的前三个月，R在企业内部的各个岗位进行了轮岗，这给了他一个极好的了解企业生产流程、产品加工工艺和制作流程，以及产品质量、营销渠道等的机会。在切实参与公司生产经营活动过程中，R不但做好了进入财务岗位的准备，而且也认知和熟悉了公司的同事。3个月期满，R写了一份工作调研报告，获得了董事长的肯定。就这样，R进入公司的第一步已经顺利迈出，走得又稳又好，相信他在未来的日子里，也能够继续一帆风顺地走下去。

从一个熟悉的行业进入一个完全陌生的行业，这需要很大的勇气。然而，有的时候我们还没有做好准备，这样的机会和挑战就已经摆在了我们面前，我们只能被动地接受，在仓皇之余尽量积极地做出选择。事例中的R显

第四章 生涯发展之创业篇

然不属于这样的情况，他是经过深思熟虑才来到宁波和家人团圆的，他是有计划地安家立业，所以他对于自己即将面临的一切已经有了心理准备，也就不那么紧张和无助了。当然，这只能说他在心态上做好了准备，而不能说他不需要适应。

在进入制造业之后，一直做财务工作的R，下到基层和很多同事一起工作，在3个月里，相当于把企业的所有流程都走了一遍。这样的轮岗机会，并非人人都有，而是因为财务工作的特殊性，需要对企业全局高瞻远瞩，也需要对企业的每一个生产和经营环节都非常了解，如此才能做好账务工作。R前期的表现脚踏实地，相信他只要继续这样坚持做下去，很快就能适应新的工作，让自己肩负起制造业财务经理职位的重任。

在职场上，不管跨界换轨因何而来，我们都要尽量从容应对，而不要因为被动就惊慌失措，更不要因为排斥就心怀抵触。人生的道路总是漫长而又曲折，而且充满了各种各样的变数。既然人生变化无常，那么我们就应该主动迎接变化，甚至积极创造变化。不管对待什么事情，积极主动总比消极被动要好，所以我们一定要把握主动权，让很多事情朝着好的方向发展。此时此刻，你的职业发展也许四平八稳，也许和R一样面临着计划中的换轨，也有可能被逼无奈不得不改变。没关系，不管怎样，都不要沮丧失落，一定要相信自己有能力做好这一切。

年薪百万元不是梦：从培训经理到超级社群运营官之路

每一个在职场上有所成就的人，也许已经有了稳定的职位和很高的薪水，但是他们依然不满足，而做着创业的梦。在这个全民创业的时代，要感谢互联网科技时代给每一个普通平庸的生命提供了折腾的平台和无限的可能，最不济还可以开一个淘宝店铺，很多大学生毕业后找不到合适的工作，不就这么去做了吗？的确，开淘宝店不需要很多本钱，只要有一台电脑，能上网就行，也不需要经营的场所和存货的地方，在家里就能开。这简直太好了，是让所有创业者都感到轻松的创业模式。然而，当一个行业入门的门槛很低，也就意味着竞争者会很多。看看有多少人在做淘宝吧，尤其是近几年来，随着快递行业的崛起和快速发展，淘宝的竞争更是异常激烈。要想开淘宝店挣钱，除了努力之外，还需要运气。

当然，每个人都有自己的职业规划，除了做淘宝，不同行业的人都可以自己创业当老板。除了极少数大学生毕业后就开始创业之外，很多创业者是在职场上摸爬滚打一番，积累了一定的资金和相关经验之后，才谨慎地走上创业之路的。

毋庸置疑，创业之路从来不是一帆风顺的，更不是人人都能走的四平八稳的坦途。对于绝大多数创业者来说，在开始创业之后，谁还没有栽过几个跟

头呢？在真正创业成功之后，那些坎坷曲折的创业史会变成光荣的奋斗史，而如果始终不能创业成功，这些历史就会变成不堪回首、充满血泪的过往。然而，人生中没有任何经历是对人没有帮助的，在时光的沉淀中，它们终将变为人生的宝贵经验来引导和激励自己更好地前行。

如今，除了自主创业投入大量资金之外，还有一种创业是借助平台和人脉经营，这就是现在非常火爆的社群运营官。接下来，就让我们来看看一个普通的培训经理是如何把自己打造成超级社群运营官的。首先，要感谢知识分享的平台，正是因为有了这些平台，才给无数想要打造个体品牌的人带来了创业机会。在整个中国，尤其是在那些超级都市里，超级社群运营官可是非常紧俏的职业，普遍年薪都超过百万元，而且真正的超级社群运营官非常稀缺，在猎头市场上炙手可热，各大企业都对其趋之若鹜。接下来要讲的故事，是关于一个全职妈妈的，当然，她在当全职妈妈之前的职业是培训经理。说到这里，很多妈妈对此深有感触，因为在经历结婚生子之后，女性受到的影响往往是最大的，面临着职业生涯的断层，一旦完成了生育再想进入职场，可谓困难重重。

小静是不折不扣的北方人，为了爱情，在9年前义无反顾地来到宁波。结婚生子之前，小静在宁波本土的一家知名厨具企业连续工作了7年，先后担任公司前台、行政文员和培训专员，最后担任公司培训经理。后来，小静结婚了，很快就怀孕了，为了安心养胎，她不得不离开公司。半年后，她生下孩子，任劳任怨地在家做起了全职妈妈。现代社会发展那么快，即便只离开职场两年，小静也觉得自己已经脱离社会很久了。她一则没有勇气找工作，二则也为了照顾孩子必须有自由的时间，所以先是选择自主创业。遗憾的是，她的小小美容公司才开一年就宣布倒闭了。后来，她去了美容美发行业担任运营和店长,这样两年过去后,小静依然感到迷惘。她想到正规的企业去上班,但一来担心孩子会没人照顾,二来又担心自己不能适应职场里的钩心斗角。无奈之下,小静找到了我,想让我给出对她而言切实可行的建议和帮助。

很多女性和小静一样,一旦结婚生子,就面临哺育孩子的现实。有些家庭里因为没有老人帮忙带孩子,即使孩子断乳了,妈妈也没有办法回到职场。只有在孩子适应幼儿园的生活后,妈妈才能找一份可以兼顾接送孩子的工作,牺牲个人的大好前途。和爸爸一直可以全心全意地工作不同,妈妈为了照顾孩子和家庭,真的付出了很多。全职妈妈要想重返职场,就相当于是在进行职业转型,从离职哺育孩子前的职业,到全职妈妈这份伟大的职业,再到重新进入职场选择适合自己的职业,这期间要经历漫长的心路历程,也要承受巨大的心理压力,需要坚持不懈地努力。越是迷惘,越是需要对未来的职业发展有明确的定位;越是彷徨,越是要确定职业发展的方向,这样才能避免浪费宝贵的时间和精力,也才能牢记目标、砥砺前行。

很快,我就与小静约定了见面时间。和很多全职妈妈心力交瘁的形象不同,小静非常阳光、开朗,爱说爱笑。她自己说,这是因为她在第一家企业里工作的最后生涯中,担任过培训讲师和经理的职务。经过简单的沟通,我就判断她的学习能力和适应能力都很强,而且也很愿意接受新事物。这让我感到很欣慰,至少小静不会像很多求职者那样把自己局限在已有的工作经验中,坚持要从事和此前相同的工作。这样一来,我的选择范围就会很大。而且,小静是通过网络知识分享平台才联系上我的,这也说明她思想开放,紧跟时代步伐。

我先与小静一起对她曾经的工作经历进行了复盘。显而易见,她做的最好的工作,就是组织与实施培训。她个性开朗热情、乐于助人,所以她在回

第四章 生涯发展之创业篇

归职场后从事美容美发工作并不是理想的选择。她自己也意识到了这一点，所以正在考虑接下来的职业发展方向。我建议她继续从事跟第一份工作相关的职业，比如"互联网+培训"，因为以她的经历，最擅长的还是培训，盲目转行会给她带来很大的困惑，频繁地经受失败的打击，也会让她产生挫败感。当然，如今很多企业缺乏运营人员，她也可以朝这个方向发展，而且她也具备这方面的素质和潜力。

在我的一番分析之下，原本感到迷惘的小静，渐渐地找回了自信。我突然想到有很多企业的销售方式从线下转移到了线上，通过社群运营，以裂变的方式来实现产品销售，因而大胆地建议她：如果你不想被企业朝九晚五的工作时间限制，还可以创立个人品牌，那就是利用碎片化的时间来学习社群营销，推广社群服务。这样既可以满足你的职业进取之心，也可以让你随时照顾孩子。听到我的建议，小静惊喜极了，她说："我的身边就有人进行社群营销，我真的可以！我还认识小区里很多的妈妈，她们都会变成我的潜在客户。"

社群营销的门槛并不高，最重要的是坚持经营，点点滴滴地投入。后来，小静真的找到了心仪的"互联网+培训"的平台，通过不懈努力，成为一个大V粉丝群体的超级社群运营官。又因为她此前就有过从事培训的经历，所以很顺利地就帮助大V成功地将60万的粉丝转化为了流量，继而转化成线上的购买力。在半个月内，她就成功地推广了两个线上课程，快速为公司创造了近千万元的收入。与此同时，她自己的年收入也超过了百万元。眼下，她正在做一件更有意义的事情，那就是通过社群裂变，培育出更多的超级社群运营官。她的最新身份是社群运营独立顾问，在同一时间帮助多个大V运营社群，实施粉丝兑现，同时帮助大V们建立运营团队。不得不说，这正是最适合小静的事业啊！相信在不懈努力之下，她一定会发展得更好。而我最近又再次联系了她，得知她现在的身份是社群运营独立顾问，她在她的学员中发展了几个团队，同步为多个互联网大V运营社群，而她也从一个实操者演变成了一名教练。

人生的契机在哪里？很多人苦苦寻找，只知道羡慕他人的成功，却不知道成功从来都不是从天而降的，更不是一蹴而就的。要想获得真正的成功，必须付出长久的努力，必须坚持不懈才能实现。当然，在努力之前，不要忘记为自己找到明确的方向！只有目标明确、方向正确，才能距离成功越来越近。否则，即使付出再多的努力，也还是会事与愿违。

每一个普通而又平凡的生命，只要有目的地、坚持不懈地去努力，就能获得想要的收获和美好可期的未来。越努力，越幸运，找准方向的努力是"可怕"的，能够创造奇迹，也能够铸就辉煌。当然，在这个信息爆炸的时代，把握机遇也是很重要的。小静作为全职妈妈，重返职场经历迷惘和挫败是必然的。但幸运的是，她是一个很有智慧的人，懂得借助于他人的力量成就自己，所以她通过知识分享平台找到了我——职业生涯规划咨询师。也许，我并没有给小静任何实实在在的帮助，但是哪怕是在沟通中有某一句话触动了她，带给她的影响都是很大的。正确地做事才能事半功倍，因此，找专业人士来为自己做职业规划，是明智之举。

独孤求剑：当一个一意孤行的创业者是何种体验

何启悦 / 文

当所有人都不看好你去创业时，你会怎么做？是谦虚地采纳他人的意见，从谏如流，还是固执己见，宁愿碰得头破血流，也要证明自己适合或者不适合创业。这就是人们常说的不到长城心不死。然而，越是那些喜欢折腾、能力突出的人，越是不甘于屈居人下。他们或者怀才不遇，或者在事业上小有成就，却依然想要突破自己。不管何种原因，最终他们殊途同归，几乎都会选择自主创业。然而，一意孤行地创业，成功尚好，如果失败了，那就会非常糟糕。很多人没有尝过一无所有、众叛亲离的滋味，但一旦创业失败，这些都会面对。但是有一点，如果创业是自己的夙愿，而且创业也是自己的坚持，那么不管面对怎样的结果，都不要抱怨、懊悔。

任何时候创业，都不可能只成功不失败。对于每个人而言，所谓有很大的成功把握，其实是自欺欺人。因为哪怕有99%的可能获得成功，而只有1%的可能遭遇失败，而一旦失败，就是百分之百的失败。从某种意义上来说，成功与失败的可能性一直都是各占50%，在尽人力之后，剩下的就是听天命。当然，运气也是个不确定因素，就像很多人把爱情归结于缘分，同样有很多人把成功归结于运气，而运气的形成却受到很多因素的影响，很难说其中的哪个因素起到决定性作用。所以要想自主创业，就一定要先做好完全的准备，把自己的每一个方面都调整到最好的状态，这样才能有最大的把握，也才能无限接近成功。

当一个一意孤行的创业者，要有强大的内心和顽强不屈的意志力，如果再有几个志同道合的朋友，那就更好了。在创业这件事情上，我是有发言权的，因为我就曾经是一个一意孤行的创业者。

有些话并不能对普通的朋友说，因为如果得不到认同，心灵不能契合，彼此就会产生嫌隙。如果有志同道合的朋友，对我们的理想志向都持赞同的态度，与我们的精神和灵魂也高度契合，那么就可以与之倾诉和商量。我就有这样的一个朋友，在产生创业的想法之后，除了家人之外，他是我唯一可以放心倾诉的人，巧合的是，他也对创业感兴趣，很快，我就与他一拍即合。接下来我们决定搭建一个平台，因为我们计划做的是国外纯手工家居品的独立电商平台，所以刚开始时想为平台取名"手作"。但是在注册的时候，发现没法用这个名字。后来，我们又火速想出了很多其他的名字，但是都不能令人满意。从那个时候开始，我们已经感觉到创业并非一条平顺的道路。最终，我们惊喜地发现"器物"两个字可以注册，虽然这个名字与我们最初的"手作"是完全相反的，但是认真深入地想一想，其实它与我们的事业和理想非常契合。就这样，我们欣喜地注册了平台的名字——器物。

每个人都是一件作品，

你注定是人生的工匠。

每个人都在雕琢生活，也在历练自己，

穷其一生，将自己打磨得像模像样。

到头来，那些粉饰的圆滑，

越发让我们觉得人生沉重和瑕疵尽显。

而那些被我们丢弃的朴实本质，

则更像亲手打造的器物，更耐人寻味和完美尽显。

最简单的最难，抱着对人生的敬畏，

做自己人生的工匠。

人生如器，凝结于物，一辈子只做一件。

——器物精神

取好名字之后，我们又兴致勃勃地创作了这首诗作为网站的扉语。却没想到，创业的艰难才刚刚开始。我们要做的是一个垂直的独立 B2C 跨境手作电商平台，这意味着我们的公司相对属于重资产，需要筹备足够多的资金建仓备货，开发平台。也许很多人会说，为什么一开始就要做重资产呢？很多跨境电商做的时候是从别人那里拿货的，只要随随便便做个网站就可以开始卖货了，有利润才有成本，可以说万无一失。

这么说当然有道理，但是我们并不想做成那样的空壳平台。我们必须足够认真，才能践行器物精神。我们所选择做的国外纯手工家居产品，工艺精湛、设计精巧、热切纯粹，既有实用价值，也更具传承价值。国外的很多匠人都经过了几代人的传承，一直在坚持做同类产品。他们之所以能传承至今，是因为他们更单纯地考虑工艺的传承和热爱，更饱含温度和情怀，而并没有从纯商业价值的角度去推广这些产品。

在这个熙熙攘攘的时代，当大多数人选择大工业机器制造产品的模式时，只有极少数人拿情怀当饭吃，醉心手工。他们在一些天然材质上放纵情怀，释放温度,把一件件普通的物件做得跟艺术品一样,使之在生活中绽放光芒。人性恰恰是因为纯粹,才能摒弃浮华,回归本真,释放出光芒。而我们,极其欣赏并追求这种境界。我们自己没有这样的手艺,但可以做这样的平台,把国外更多纯粹的手工产品,分享给国内跟我们一样推崇并爱好纯手工产品的人。我们也希望用户能够通过对产品的使用、体验,了解产品背后的故事,从而唤起人们对匠人、匠心的尊敬和推崇,能更纯粹认真地去做一些事,把中国纯粹的工艺、传承和文化展现给全世界,而不会被指责是在劣质地抄袭。始终如一地坚持并不简单,它是通往伟大的唯一途径。

毋庸置疑,我们的梦想是很好的,也的确得到了很多人的认同,但是,当真的要去做的时候,我们遇到了前所未有的困难。

首先,很难找到纯粹的手工产品,因为国外很多匠人和国内一样遗落在民间,而且没有办法大批量生产。这就决定了我们只能走小众道路,而不能更大规模地扩张。

其次,很多产品质量参差不齐,虽然是国外设计,但却是拿到国内做了之后再运到国外销售的。我们对此非常纠结,不知道对于这类产品如何定义,是否应该去做。最终,我们决定不做这类产品,虽然这类产品最好找,但是这不符合我们的初衷。我们是要分享纯正国外的手工产品,并且希望国内的客户在体验这些产品之后能发自内心地理解匠人精神,能跟随我们一起践行匠心。

最后,国外的人工很贵,因而有些独立匠人的产品很贵。我们或许也可以考虑在国内卖这些产品,因为很多产品已经开始在国内卖了,但是必须把零售价定在采购价的 5~8 倍。毫无疑问,如此高昂的价格,违背了我们的品

牌精神和内在情怀，也使产品的性价比很低。我们只想赚取合理的利润，所以必须有所选择。幸好产品部的小伙伴都是国外家居行业的专业人士，但即便如此，我们在经过整整半年时间的收集后，还是只组织到400件产品。我们就像是一群傻人，傻傻地坚持所谓的原则和底线，在通往未来的路上，艰难地匍匐前进。

产品有了，如何销售呢？接下来，横亘在我们眼前的便是平台开发问题。我们希望平台是由自己的技术团队开发的，很多人建议我们花几万元钱，随便找个公司外包做网站就行，自己养个技术团队需要耗费很大的成本，而只是一年的薪水，就足以完成好几个外包平台的制作。其实在平台创业中，有两个产品是极其重要的核心，一个是我们在平台上售卖的产品，这也是为什么我们一开始会组建专业团队采购的原因，因为我们必须保证产品的品质符合品牌的调性，足以支撑起我们的梦想，值得我们分享给用户。另一个是平台本身，如果平台不够好，体验极差，我们其他方面做得再好也是枉然。这两者是相辅相成、缺一不可的。所以即使再难，我们也要坚持自己组建技术团队。现在，如果让我再做一次选择，我想我或许会选择放弃亲自创业组建团队，因为这完全不是金钱能解决的问题。但是，在当时，我们已经开始了，根本没有退路，除非真的走到绝路，再也没有发展的可能。

有了产品和平台后，我们还需要建立仓库。原本，我们想租公共仓，但是最后我们还是自己组建了专业的物流团队，还申请租了一个保税仓库。至于为什么要自己来做，初衷也极其简单：一则我们希望能自己验货，保证发到客户手中的货品没有瑕疵；二则我们希望保证物流速度最快，收到订单的时候能第一时间就发出货物。没想到这个简单的决定，险些让我们陷入进退两难的境地。N多个方案，N多个合作伙伴，所幸整个项目历经半年之久，终于曲曲折折地落地了。

我们知道，所有前面经历的这一切，只是刚刚开始，也只是初步完成了筹备阶段。我们不知道在这样的坚持下，未来还能走多远，更不知道在这条前行的路上还会遇到多少困难。但有一点是肯定的，如果再经历一次，我想我们依然会选择同样的做法，依然会经历同样的纠结和困惑，最终还是会坚持我们一开始就坚持的一切。终于，我们的App"器物"即将正式上线了。

很多时候，循着前人的脚印做事已经很难，更何况我们要做前所未有的事情，要对自己的理念标新立异、坚持逆行。为了更深刻地体验匠人精神，闲暇的时候我们也会花费或多或少的时间去做一些简单的器物，体验手工匠人的匠心。很多东西看起来很拙朴，实际上会耗费我们大量的时间和心力，所以我们更应该珍惜那些拙朴美好的东西，珍惜每一个器物的力量与线条之美。

当一个逆风的前行者，从来不是一件容易的事情。然而，如果我们做事情的初心是容易的，那么在我们的身边一定挤满了同行者。做事情要有迎难而上的决心和勇气，要有固执坚持的顽强和毅力，唯有如此，才能打破常规，做出与众不同的事，创造生命的奇迹。

做一个一意孤行的创业者，从来不是一件好玩的事情，我们也不是因为好玩才给自己冠以这样的名头。任何时候，我们都要不忘初心、砥砺前行，哪怕前路漫漫，我们也依然坚持初心，这才是生命真正的力量，也才能帮助我们获得蓬勃的成长。或许创业之艰难会超出我们的想象，所以我们才更要突破自身的局限，勇敢地去做好自己。

归零再出发：失败的人力资源服务创业经历

在旅行的过程中，很多人都会醉心于美景，然而等到走过最佳的旅行路线，却很少有人愿意在短时间内再走一遍。这是因为尽管沿途的风景非常美丽，但是前面还有更美丽的风景在等着我们。在人生之中，很多人都非常注重体验，所以他们更愿意走过身边的美景，走向前方，把更多的美景尽收眼底。

然而，没有谁的人生是与失败绝缘的。不管是在生活还是工作中，我们常常会遭遇失败的打击。世界上，成功者与失败者两极分化。成功者之所以能够成功，是因为他们能够积极地从失败中吸取经验和教训，战胜失败。而失败者之所以总是被失败纠缠，是因为他们一旦失败就会一蹶不振，甚至原本的自信满满也会变成颓废沮丧，就像泄了气的皮球一样干瘪、颓丧。人们常说，失败是成功之母，这句话就是告诉我们，如果没有失败，也就无所谓成功。而实际上，失败还是成功的阶梯，作为成功者一定要能够踩着失败的阶梯节节攀升，奔向人生的顶峰。所以，虽然我们在这本书里一直谈论如何在职场上获得成功，但此时此刻，我必须一本正经地和大家说一说失败。没有经历过失败的成功者，就不是真正意义上的成功者；没有饱尝过失败滋味的成功者，也就没有资格谈论成功的艰难和坎坷。

光阴易逝，弹指一挥间，我从 2006 年年初创业，迄今为止，已经有 14 个年头了。现在，我在宁波和上海经营两家企业管理顾问公司，主要从事高级人才的甄选及培育、极限成本管理咨询等咨询和顾问服务工作。在创业之前，我是一名职业经理人，创业的时候，我选择了熟悉的人力资源服务行业。历经 14 年的风风雨雨，我终于熬过了创业之初的艰难时刻。目前，我的两家公司都发展顺利，在工作的过程中，我也感到非常充实。

回首这些年来走过的路，真是几多心酸几许忧愁，令人感慨万千。在这 14 年里，我接触过很多在职业发展及转型过程中遭遇困境的人，也曾帮助过在职场或创业过程中感到困惑的朋友。我建议他们合理地规划个人职业生涯发展方向，根据他们的实际情况，对他们的资源配置进行长期的跟踪服务。在此过程中，有很多人彻底改变，人生从此与众不同。我为他们的成功感到喜悦。与此同时，我也一直都想把自己的创业经历和帮助一些在职业发展及转型过程中遭遇困境的人走出迷惘和困惑的经历写出来与大家分享。机缘巧合，"遇鉴"这个平台给了我这个机会，我终于可以与大家分享这些经历。

我出生在宁波一个普普通通的家庭里，既不是富二代也不是官二代。1987 年，我走上工作岗位，先后在国企、外资、民企等业内的知名企业担任基层技术操作、行政、内贸、人力资源、办公室主任等职位，总共跨越了五个不同的行业。不过，在职业发展前期，我对于职业规划没有意识，所以一直在被动地接受职业，误打误撞地进入不同的行业，就这样抱着干一行爱一行的心态去应付工作，一路上跌跌撞撞地走了过来。但是，我的内心一直怀揣着一个模糊的梦想，那就是将自己的兴趣爱好与工作积累融合到一起，独立创业。在经过了无数次的思考和彷徨后，2006 年年初，我终于下定决心辞掉最后一份工作，选择了以开猎头公司作为我创业之路的创始项目。所以说起创业，我还是有很多感慨的，也很愿意与大家分享。

我初入职场之际，还未流行个人职业生涯规划之类的说法，每个人只有依靠自己的感悟才能摸索前行。在此期间，我很幸运，遇到了人生道路上的几位贵人，他们不但给了我工作方向上的指引，也让我慢慢地明确了自身的职业发展道路。在这里，我必须真诚感谢他们给予我的引导和帮助。

迄今为止，我依然清晰地记得自己最初的职业目标，即坐进办公室，拥有一张属于自己的办公桌，然后像职场白领一样每天光鲜靓丽地出入于写字楼，有尊严地活着。但是当真正达到这个目标以后，我却发现自己根本不清楚得到这些究竟意味着什么，对于我的未来又将产生怎样的影响。我非常迷惘。

2000年年初，我去一家知名文具公司应聘企管部主管。这家公司的人力资源部经理是一位50多岁的大姐，她用非常和善的语气征询我的意见："人力资源部门缺一名培训主管，你的经历及个性比较适合，是否可以尝试一下？"不得不说，她极富亲和力，在她的影响下，我选择接受这个职位，去人力资源部发展。

正是在这个契机之下，我发现我的个性很适合从事人力资源行业，而且我在接触人力资源行业后，也对这个行业产生了浓厚的兴趣。正因如此，在2006年选择创业方向时，我才会顺势选择了当时新兴的人力资源服务行业，从事猎头和咨询服务。把兴趣爱好当成自己的工作，这是人最大的幸运。这注定了我会一直热爱自己的工作，并且将其发展成为自己终身的事业。

回顾创业史，我和大多数创业者一样经历了太多的风雨和坎坷。尤其是在创业初期，我经历了很多的挫折。面对创业的艰难困境，一个个合作伙伴都离我而去，我却选择了做最不怕死的小强，跌倒了，爬起来，再跌倒，再爬起来。就这样，创业的梦想激励着我坚强地走下去，我从未想过放弃！

在创业第一年也是公司最困难的时候，我用完了所有的流动资金，在处理完办公设备后，才换到了3000多元钱。我站在凛冽的寒风中，对未来充满了迷惘，不知路在何方。幸运的是，我没有放弃，当即就怀揣着这3000多元钱去上海参加了一场猎头培训。回来之后，我又像打了鸡血一样激情万丈地继续创业。我实在太爱这个行业了，我梦想着能够在这个行业里有所建树。最终，我实现了自己的梦想。

在之后的这13年里，公司发展经历了从传统雇佣到现在的有限合伙制，完成了从实体经营到围绕社群进行虚拟经营的彻底转型，经历了从0到1的发展阵痛及从1回到原点0重新出发的蜕变。在实践过程中，我不断反思自己、改善自己，在创业过程中逐步打开自己的思维及格局，这都要感谢客户及候选人对我的信任，以及家人的默默支持。在创业过程中，我逐渐认识到，企业的经营需要先付出，才能有利润。切勿急功近利，切勿为做而做，也不必太在意他人的看法，做最真实的自己才是最好的。和这些方面的感悟相比，经营收入是微不足道的。

我所有的合伙人，都是与我合作多年的朋友，他们或者是我的候选人，或者是我的好朋友，多年来一直陪伴在我的身边，与我志同道合。我们从认识到相知，从项目合作到合伙成立公司，成为真正意义上的事业合作伙伴，彼此都感到很庆幸很满足。除此之外我还要感谢他们对我的认可，正是他们的不离不弃和全力支持，让我从一个只看眼前的盲目创业者逐步扩大自身格局，提高对行业及事业的认知，终于成长为一个相对成熟的公司经营者。

回顾我的职业历程，无论是在工作中还是在十余年从事人力资源咨询服务的过程中，我遇到过很多对职业发展产生困惑的朋友。他们中有刚出校门的应届毕业生，有初入职场的年轻人，有工作多年的中高层管理人员，也有资深的职业经理人，甚至有给别人做职业规划而不清楚自己职业发展道路的 HRD。帮助他们认清方向，明确职业发展道路，是我工作的主要内容。

通过咨询产生价值，帮助人才重新进行职业定位，深层次挖掘其内在潜力，寻找到与之相匹配的企业，做精确的行业定位，同时帮助人才与企业规划长期合作的激励机制。在这些过程中，我实现了自己的价值。客户和候选人的认可是对我最好的奖励，很多候选人最终成为我生命中知心的朋友。

应众多高校邀请，我还给许多高校应届毕业生做过职业生涯规划和就业指导。在这个过程中，我发现有太多的应届毕业生迫切需要帮助。这些年来，我认识了很多职场资深人士和企业家，他们都很乐意分享自己的职业历程和创业经历，也都真心愿意帮助年轻人少走弯路，让他们更快地走向成功。所以我希望能搭建一个学习平台，为这些职场"菜鸟"提供帮助。基于这个愿望，我跟身边的好朋友一起创建了"遇鉴"这个平台，面向客户及核心人才资源。这个平台是全面开放的，开放的对象包括我所认可的同行。我希望能借此搭建一个帮助年轻人提升职业发展能力和创业能力的分享平台。

"遇鉴"因缘而起、因念而生，它是一个充满暖暖爱意的开放式学习及分享平台，目前已经吸引了一大批同样充满爱心的朋友的加入。我希望有生之年，能用至少三分之一的时间去做这些有意义的事情，我的合作伙伴们也和我一样怀着这样的初心在努力践行。建立"遇鉴"平台后，我水到渠成地成立了"海平释才"生涯工作室，这也是一个虚拟的合作生涯平台。通过这两个平台，我希望能为更多的小伙伴赋能，帮助更多的人享受事业成功的乐趣。

也许"遇鉴"还很稚嫩，"海平释才"生涯工作室也不仅仅是我一个人的工作室，我们期望有更多的朋友加入这个团队，也希望能得到更多朋友的喜欢。我们衷心祝愿"遇鉴"能走得更远，伴随大家到永远。

这就是"遇鉴"和"海平释才"的前世今生。在成长的道路上，没有谁是一帆风顺的，人生过半，我和有些人比算是小有所成，和有些人比只是名不见经传的小角色，但是我始终都牢记初心，更没有忘记自己肩负的责任和使命。人生何时开始都不算晚，有人20多岁就开始创业，有人年逾古稀才重头开始。在美国，摩西奶奶原本是默默无闻的农妇，一生之中都在为儿女操劳，唯一的兴趣爱好就是绣花。后来，她因为身体原因不能坚持刺绣了，就在小女儿的建议下拿起了画笔。谁能想到，她以70多岁的高龄，成为举世闻名的高产画家。她的经历和事迹鼓舞了很多人，使得大家都争先恐后地向她学习。日本著名作家渡边淳一原本是一名医生，正是得到了摩西奶奶的鼓励，认识到人生永远没有太晚的开始，才拿起笔开始创作。

摩西奶奶可以，渡边淳一可以，你和我同样也可以。如果你还没有到古稀之年，那么和摩西奶奶相比，你还年轻着呢，就更应该把握如今的大好年华，打定主意做自己想做的事情，成就自我，成就未来！

●甲乙双方：改变思路就豁然洞开，面对不同天地

很多人都喜欢做甲方，这是因为在合作中，甲方是付钱的一方，能够享受别人点头哈腰的恭维，而不需要低眉顺眼地四处讨钱。很多人当惯了甲方，不喜欢当乙方。然而，自主创业，虽然从名义上来说不再是打工仔，但实际上却从每个月领取薪水的人变成了想方设法给人发薪水的人。在各种合作中，如果遇到的都是痛快讲理的甲方，讨钱的过程还能顺利些，但如果遇到的都是蛮不讲理、试图拖欠款项的甲方，那么只是要钱这一项，就让人感到头疼。

其实，不管是甲方还是乙方，都各有各的难处，也都各有各的优势。有的时候，作为头疼的乙方，只要转换一下思路，就能豁然洞开。难怪人们常说，心若改变，世界也会随之改变呢！有的时候，心境的一念之差，就会使事情有不一样的结局，结果也会变得截然不同。

回想自己当老板的经历，再结合今天这位咨询者的情况，我意识到他也存在我曾经有过的种种问题。他一直在抱怨自己没有得力的部下，也在喋喋不休地说自己作为老板多么"辛苦与不易"。在沟通的过程中，我给他点评，他总是随意插话，武断地打断我的表达，阐述自己所谓的观点。他其实没有学会倾听，也没有学会换位思考，这恰恰是作为领导者必须具备的

一种能力与管理沟通的技能。相信通过今天的沟通，他能回去做个复盘，能够深刻感悟到一些道理，而最终的改变，是需要他在实践中加深感触并深刻反思的。

人是主观动物，每个人都会情不自禁地站在自己的角度和立场上去看待、思考和分析问题，尤其是在面临利益之争的时候，人们更是会为了维护自己的利益而不懈争取。从大局来看，老板和员工的利益是一致的，老板赚钱，员工才能发薪水。然而，在现实的情况下，老板和员工往往处于对立面，即很多老板都心疼钱财，不想给员工高薪；而每一个员工都想得到更高的薪水，因而经常就薪水问题与老板展开拉锯战。有的时候，一言不慎，还会与老板闹得很不愉快，导致关系破裂，只能不欢而散。其实，薪水问题是老板和员工之间的永恒话题，而且非常敏感。所以在谈起薪水问题时，一定要有策略，掌握语言的艺术，而不要僵硬突兀，否则就无法取得预期的效果。

不管是作为老板还是员工，都要学会换位思考，这样才能站在对方的立场上考虑问题。例如，老板要想到员工也需要养家糊口，员工要想到老板负责公司的经营和运转，也需要支出很大的成本。当老板和员工都能设身处地为对方着想时，彼此之间的很多误解就会消除，关系也会更加和谐融洽。总体而言，老板和员工是一条船上的战友，彼此都要把眼光放长远，而且要放下眼前的微小利益，才能谋求长远发展，实现合作共赢。

● 跨界营销：怎样颠覆一支钢笔的市场认知

人是主观动物，这就注定了人常常会陷入主观的惯性思维中无法自拔，他们常常想当然，对于他人的合理建议带着排斥和不以为然的态度，哪怕心里明知道他人说的是正确的，也还是固执己见。在职场上，如果变得墨守成规、故步自封，就会导致职业生涯发展遭遇"瓶颈"，甚至陷入停滞状态。

前文，我们说起了职场上的中年人在遭遇中年危机时，是如何转行跨界或采取有效的方式打破"瓶颈"的。其实，变化未必如需要那么明显，也未必要以转行跨界等方式进行，可以用更温和的方式来打破"瓶颈"，如改变思想观念、颠覆传统认知等，同样能够起到很好的效果。逃避从来不是解决问题的方法，当确定自己只是面对难题的时候，不妨采取正面面对的方式，勇敢无畏地解决问题，这样也许会带来让人惊喜的收获。

行业的颠覆者永远来自外部，未来的市场也一定是属于年轻人的。企业要懂得年轻人的需求及足迹所在，因为年轻人既是企业发展的生力军，也是消费产品的主力军。接下来我们要说的，就是一个以90后为主、让人刮目相看的团队。这个团队很小，只有几名成员，但是每一名成员都是精兵强将，他们精诚合作，完成了包括产品品牌策划、品牌定位、文创设计、互联网渠道定位、社群众筹在内的一系列电商在线运行流程，成为行业奇迹，彰显出创业团队不可思议的巨大力量。

看到这里，也许有些朋友会感到疑惑：你把这个团队说得神乎其神，那么他们到底是营销什么的呢？其实，他们营销的东西我们每个人都不陌生，从小学开始，我们就天天与这个东西打交道，即使大学毕业走上工作岗位，我们也时常需要用到这个东西。它就是钢笔。

打开淘宝及京东等相关电商平台，进入线下的一些连锁书店或新生活方式店，我们很容易就能看到有一款钢笔，它与传统的钢笔完全不一样，它没有笔夹、笔帽，不能后插，包装和产品设计均与传统的钢笔外貌不同，可以说，这款钢笔进行了颠覆性的创新，所以才会呈现出与众不同的外表，让人有耳目一新的感觉。最让人惊奇的是这款钢笔的定价，和普通钢笔相比，它价值不菲，几乎与国际一线钢笔品牌看齐。这所有的品牌创意、产品设计、包装设计、文化创意直至线上线下渠道的销售运营，均由一个精干的市场营销策划及运营团队以外包的方式承包下来，行云流水般地完成，并取得了良好的效果。这款钢笔的主人是宁波一家知名的文具集团，在把整个流程委托给这个团队之前，该文具集团并没有想到一支钢笔居然能在市场上掀起狂风巨浪。

当初，这款钢笔设计完成后进行产品定价时，看完该团队对钢笔的定价方案，企业方面觉得定价过高，市场根本不可能接受。为此，他们对于该操作团队——以前从未介入过文具行业的能力也产生了疑虑。但是，该团队的运营思路非常独特，他们坚持认为自己是在运营用户流量，尤其是85后到95后的精准客户流量。每运营一个产品，他们就会积累一些这个年龄层的用户粉丝，随着品牌运营的持续深入，他们与粉丝之间的互动越来越频繁、联系越来越紧密。他们更了解目标群体的消费场景和消费心理，因此能更准确地把握目标群体对产品的需求、审美喜好和购物习惯。正是在此基础上，他们才能更准确地打造适合目标群体消费的产品。文具品牌创意中，品牌口号"做自己"三个字直击众多年轻人的内心；而跟国内知名博物馆共同发起的产品发布会，让产品脱离了制造的本质，使产品的附加值得到了极大的提升，成为一款有生命力、有文化内涵、有故事的文创产品。凭着成功运作这款钢笔，相信这个团队未来将会帮助更多的传统制造业进行转型升级。在得到他们的咨询需求后，我建议他们在团队内部围绕不同行业进行快速裂变，立足大学生创业，在大学生群体中寻找合适的学生创业团队，共同打造一个产品策划运作的众包平台。

　　成功策划和营销钢笔这个案例，无论对于创业者，还是传统制造业来说，其意义都非常深远——告诉企业要懂得在必要的时候借助外脑及外部专业顾问团队，得到精准的企业诊断及服务。对于小企业来说，可以通过微股权置换的方式来转换资源及服务；对于大企业来说，可以给予一些资源来置换专业外脑的服务。总之，要让脑洞大开，要意识到交易的产生不是只有金钱可以作为媒介和支撑，也可以以资源置换服务。对于那些拥有先进理念和消费意识的企业而言，为了得到优质的咨询付出昂贵的代价，是一件极具性价比的事情。因为企业只有得到最有效的帮助，才能迅速打开思维和资源的边界，快速进行资源整合，从而得到更好的发展和更快速的成长。

　　如今是网络的时代，信息传播的速度超出我们的想象，知识更新换代的速度也远超我们的预期。虽然在这样的时代里，我们会得到更多的机会，也能获取更多的资源，但是别人同样如此。所以我们既要稳扎稳打，也要出奇制胜。不管是人才还是企业，都要有出奇制胜的想法，都要拥有能够抓住各种千载难逢的好机会的能力，让自己出类拔萃、脱颖而出。这也是一个流量变现的时代，全民营销为无数普通而又平凡的人打开了晋升的通道，也让我们在成功的道路上有了更多的同行者。归根结底，不管是否愿意，我们都要从一支钢笔身上得到启迪，也要借助从钢笔身上得到的灵感，获得长足的发展，给自己也给世界一个意外的惊喜。

● 学会放下：创业者提升领导力的3个关键点

最近，我不断接触了一些创业者，他们的公司都刚刚起步，或者创业没几年，都面临共性的问题，比如员工留不住，人员一直在流动；抱怨员工素质差，不能理解老板的想法，不能跟老板同进退；抱怨公司没雇主品牌，招募不到优秀的人才；还抱怨员工离职的时候，跟公司斤斤计较，在待遇上纠缠不清。老板对自己在公司中的定位也非常不明确，一般这类公司老板都是公司最大的业务员（老板自己不能挣钱的公司一般很快就会倒闭），也是公司财务，甚至兼职司机、去客户公司讨钱，等等，什么活儿都要干，真的是一种从肉体到精神上的巨大折磨。他们有的有退路，但绝大多数没有退路，唯有勇往直前。而今天过来的这位咨询者，几乎符合上述的所有特征，同时还多了一点，他也在考虑随时转换职场跑道，重新回到甲方。对于这种情况，我结合自己不成功的创业经历，具体给予其三点建议。

1. 放弃雇佣，合作分配机制创新。

经营企业不仅仅是经营产品，创业者也应该要有企业家的精神，用好每一个员工的长处。作为创业者，要有能力去让你的那些不优秀的部下尽可能地发挥出各自的潜能，让合适的人到合适的岗位。

越小的创业企业，越要考虑改变内部落后的雇佣模式，优秀的人才是不会轻易被雇用的，与其等待，不如改变自己企业的合作模式，当前合伙制已成为一个流程，而在雇佣制企业，每个月还在固定发放月薪的老板，你真的要反思了，其实你真的落后了，一定要转变为根据企业的经营绩效来与你的部下进行业绩捆绑，做到同进退。

我刚创业的时候，招募了很多员工，看起来排场很大，也很气派，但算下来利润很少；自己累死，员工还抱怨。如此，公司的经营其实就变了味道，自己一直很关注别人的评价及看法，把自己的真实感受弄丢了，也没考虑家人的感受。现在想想真是幼稚，这种创业无非是找个感觉，而真正的创业，应该不要去顾及别人的看法，应该为自己而做，改变公司的合作分配机制，找到与你能力、资源互补的小伙伴来成为你的合伙人。

2. 放下利益，懂得吃亏才能合作长远。

最近，我帮一位合伙人从客户那里要来了一天的咨询费用。而在之前与这家客户的合作分工中，除了我跟合伙人一起合作的咨询业务之外，我还给这家客户提供了很多高层岗位的招募咨询服务，那时刚好有一笔猎头费用申请收取，为了能够帮合伙人要到这一天的额外咨询费，我给客户在猎头费用计算上做了极大的让步，而客户也非常理解与支持，最终跟我结算了上述两笔费用。而在这之前，我的合伙人已经放弃了要这笔钱的想法。

出于对合伙人负责的态度，我要来了这笔钱。但钱到账之后，我的心里不由得打起了小九九，合伙人已放弃，而这笔钱也是我在猎头费用让步的情况下获得的，我是不是可以不给他呢？经过激烈的思想斗争，我觉得还是要按照原先的约定支付，但因为情况的特殊性，我可以跟合伙人就这个案子重新提出一个分配比例。后来当我坦诚地跟合伙人提出之后，他感到意外，也非常体谅地同意了我的提议，而我也放下了心中的一块利益的"石头"。

要合作长远，合伙人之间应该坦诚，不要纠结于小小的利益，但真的要学会放下，其实还是要触及你的灵魂。在上面这一件事中，我其实也触及了灵魂，差点犯了贪婪的病；而今天过来咨询的创业者，也有这种缺陷，他总是在抱怨员工跟他的利益之争，其实作为创业者或公司的领导者，你不要指望员工跟你在一个思维层面，他们大部分是打工的，特别是人家将要离职了，在待遇上，你更不应该亏待人家，给自己的企业留下一个好的名声更好。

3. 放下计较，给部下机会即给自己机会。

回想在最初的创业阶段，从一名职业经理人转换为企业的经营者，其实会有很多的不适应，而这些就需要自己在实践中不断地进行自我反思。现在回想起来，我发觉自己之前也是一个爱跟员工计较的差老板，我会因为担心项目的重要性，而选择自己"自告奋勇"去完成一些主要项目，却让员工去完成一些次要的项目，并没有给员工更多的机会；在项目奖金的结算中，有时候也会跟员工计较。这些最终都会造成员工认为没有得到公平的待遇或认为公司缺乏良好的个人生涯发展空间而离职。

而作为创业者的另一种放下，是需要放下对员工的不放心，不要什么事情都亲力亲为，还美其名曰以身作则，自己辛苦，员工却被动地在一边观望。

表面上看,你是一个好领导,但实际上,你的行为却是害人害己,你让员工失去了最好的成长机会,而后果是公司也得不到发展。为此,我现在常常感到遗憾,为什么自己不早一点领悟到这个道理?其实,我之前公司中的很多小伙伴都非常优秀,只不过是他们非常不幸地遇到了当时的我。如果能重来,我一定会变换一种领导方式,给员工及合作伙伴更多的机会。

第五章

人在职场之奋斗篇

世上没有一件工作不辛苦，身在职场，你不要因为一点点打击而放弃，也许有的时候你努力过却得不到收获，但是如果你就此放弃了就注定失败。请记住：越努力越幸运！

极限"男神"炼成记：从职业总经理到咨询公司创始人

每一个成功者的背后，绝不只是表现在人前的光鲜靓丽，而是还会有很多的磨砺，甚至渗透了无数的血泪。很多职场上的菜鸟，都会特别羡慕那些精明干练的同行，觉得他们仿佛可以手眼通天，面对再难的工作也能搞定，面对再复杂的事情也能捋清头绪，尤其是在遭遇各种困境的时候，更是能够逢凶化吉，遇难成祥。其实，他们只是认识这些职场精英太晚，如果认识得早一些，就会发现这些精英在初入职场的时候也是一个个不折不扣的"菜鸟"，也需要向他人学习，也需要经历磨难和考验。从一个初入职场的新人，到成为能够独当一面的职场老人，这期间要经历漫长的过程。如果再到独立自主地创业，成为公司创始人，更是要经历漫长的过程。

如今，人们特别喜欢对崇拜的人冠以"神"这个称号，动辄就"女神""男神"。当然，如果"神"字泛滥，那么就不会真的那么"神"。在职场上，真正能够当得起"神"这个字的，是那些有真才实学的人，也是能够在面对各种坎坷境遇时始终咬紧牙关、牢牢坚持的人。成"神"可不是一件容易的事情，要想成"神"，我们必须像凤凰涅槃，经受烈火淬炼，还要过五关斩六将，展示出十八般武艺。

因为职业的关系，我接触过很多行业精英。我把其中那些符合客户岗位的精英推荐出去，成为企业中的高层管理者。但是这并不意味着我的工作从此结束，在他们成功上岗后，我必须持续跟踪，了解他们与企业的磨合，与老板的相处，以及他们的职业发展现状。在此过程中，我对他们从陌生到熟悉，从普通朋友发展到人生知己，最终转化成为合作伙伴。可以说，这是从事人力咨询事业最大的福利，也就是积聚人脉，认识朋友。俗话说："多个敌人多堵墙，多个朋友多条路。"一旦想到这一点，我就拥有了源源不断的动力，继续做好本职工作。在诸多从候选人转化而来的朋友中，X是对我影响最深刻的一位。他原本是一位职业总经理，后来转型从事咨询及顾问服务工作，并且独创了一套针对制造业成本降低的体系，名字叫作"极限成本管理体系"。为此，业内人士都称他为"极限男神"。被称为男神，而且还是含金量极高的男神，这可太荣幸了。

其实，X不仅仅是男神，还是多家科技型创业公司的小股东。他以提供智力及服务的方式，置换了很多优质公司的股权。在此过程中，他还投资了多个小项目。不得不说，他工作起来真是和神仙一样不知疲倦、精力旺盛，是地地道道的超人。他是个真正的行动派，我一直把他视作学习的榜样，始终向他看齐。

10年前，我第一次见到X，是为了帮助本地一家机械类知名企业寻找常务副总经理职位。正是在这次合作中，我帮助X确定了职业生涯目标。当时，他刚刚辞掉一家五金类工厂总经理的职位。他是北方人，大学期间读的是经营管理专业。大学毕业之后，他在北方的一家国企从事管理工作，虽然工作很安稳，收入也不错，但是他有着一颗不安分的心，一直在试图寻求更大的职业发展机会。经过深思熟虑之后，他毅然决然地辞掉了众人眼中的好工作，背起行囊，不远千里来到深圳寻找更好的职业发展机会。在几年的时间里，他从深圳一家五金类外资工厂的基层管理人员做起，做到常务副总经理。然而，他依然不满足。2004年，他孤身一人来到宁波发展，在一家知名五金工厂担任总经理职位。

通过交谈，我详细了解了他的职业发展经历，对于他未来的职业生涯发展，我给出了建议：最好在一个行业持续发展，做专、做精、做深，目标是成为行业内最好的管理问题解决专家。在中国，要想在制造业长期发展、转型升级，必须在一个领域里精耕细作。对他而言，只有成为管理问题解决专家，帮助企业打破固有体系，缔造新的体系，并且增强体系在企业的推行能力，才算是真正的职业经理人。

在成为职业经理人后，我建议他开创自己的事业，因为他的事业心极强，最终必须拥有自己的事业，可以通过智力贡献来得到企业的股份，或者通过自主创业真正拥有自己的公司，这两种方式殊途同归，都能满足他对成功的渴求。更具体地来说，我建议他围绕所从事的行业领域，将自己的管理感悟形成体系，今后就在本行业领域内进行大力推广。与服务于一家公司相比，这么做可以让他独到的企业管理思想向更多寻求改善的企业家输入，从而帮助更多的企业获得成功，非常有意义。他采纳了我的建议，并且当即展开了行动。

当时我压根儿没想到，这次遇见会给他带来那么大的改变。在我遇见的所有人中，他绝对是首屈一指的精英人物，他最大的优点在于能够快速决断，抓住机会，进行决策，并且积极地展开行动。他很热爱制造业管理，总是把解决工作中所遇到的困难当成自己最大的快乐，这可真是罕见的爱好啊！仿佛他是为制造业而生的，所以才会对与制造业相关的一切工作都满怀热情。

在我的推荐下,他去了一家机械行业知名的品牌集团企业,第一次见到董事长,他就与董事长一见如故,完胜董事长之前见到的十几个候选人。最传奇的是,据说该企业每隔半年左右就会更换常务副总,这是怎样的频率啊!他和董事长相谈甚欢,对于如何解决工厂的管理问题,他们有相同的判断;对于工厂接下来的发展,他们快速达成了一致。在加入这个企业工作了没多长时间之后,他就创新性地向老板提出了一个业绩对赌的方案,就是在确保基本年薪之后,他愿意将自己大部分的年终收入,与企业的产值递增和利润递增的部分挂钩。老板当然愿意采纳这个建议,因为这样一来老板就无须督促他努力工作了。后期的考核结果说明,他超额兑现了自己对老板的业绩承诺,通过体系的导入,成为该公司有史以来做得最成功的职业经理人。

面对超额完成的业绩和超出预期的利润,老板很开心地兑现了对赌的分成。对他而言,这是小荷才露出尖尖角,未来还有大好的前景等着他呢! 至此,他对于自己的管理体系更加自信,萌生了把这套针对民营制造企业的创新管理体系植入更多企业中的想法,其实,这也是他事业发展的方向萌芽。具体来说,就是用他独创的体系,从咨询的角度,去帮助更多有这类需要的制造企业实现优秀的业绩和巨大的利润。通过完善管理体系,在不增加设备、人员、设施投入的情况下,通过激励机制创新及内部流程理顺,就能够帮助企业以最快的速度获得利润,实现产值的快速增长。

"男神"就是"男神",为何叫"极限男神"呢?别着急,你很快就会知道他为什么会被冠以"极限"二字。很多熟悉民营制造企业运作模式的朋友都知道,民企的利润不是我们想象的报表中的简单数字。所谓利润,可能很大一部分隐藏在库存或者在制品中,这就决定了流程上的效率低下会导致大量利润浪费在半成品、不良品中。X大神认为：根本上是绝大多数的制造企业对于工厂成本的控制做得很不到位，内部管控体系很不完善，导致无法核实每一个产品订单在制造全流程中每一个产品工序的详细成本。而作为内部的考核，可以给每一道产品工序制定一个内部的制造成本，并按之结算，这与产品市场销售利润无关。

正是在此基础上，X大神结合了在大型国企、广东外资及在宁波第一家公司的工作经历，又综合考量了自己对工厂管理的理解，独创了一套"极限成本管理体系"的独特制造业管控方法。他在企业内部公开提出企业经营"没有利润都是假的"的理念，该理念的核心是对每一个订单都做全方位考核，对每一个订单全流程中所产生的所有效率、成本都进行详细记录，并对每一个订单进行复盘，建立订单管理数据库，同比、环比进行每单复盘，这样一来，当天就可以知道每一个订单的盈亏。只要发现问题就马上立项，及时整改，把重点放在解决系统性、流程性的问题上，建立并优化整个流程。这套极限成本体系极大地提高了管理效率，最重要的是，它真正实现了用全生产链所有大数据来管理公司，把每道工序都变成一个成本中心，在不增加人手及投资的情况下，通过同步设置针对成本考核的激励机制，注重基层干部的培养与引导，把干部培养成忠诚、有信念、超一流执行力的，集会管理、懂成本、重品质于一体的复合型管理人才。因为对产品制造过程最好的控制在于一线工人及基层管理者的自控，全员管理才是最好的管理，而自下而上发动的管理是最容易被推动的管理模式。他还自信地提出，实施极限成本体系的公司，一年后基本都能实现产值不低于30%、利润不低于15%的增长。

听起来这太振奋人心了，而要想做到这一点，最核心的是共享增量部分的收益。在这个管理体系之下，公司所有岗位的员工，包括门卫人员，都会有相应比例的收益共享。但并非所有老板都愿意这么做，因为这不仅仅取决于老板的心胸与格局，还会触及老板的核心利益。敢于分钱是一种气魄，更是老板的一种境界。所以从某种意义上来说，他的成功离不开有胆识、有气魄、有格局的老板给予他的大力支持。

在民企做职业经理人，只有得到公司的股权激励，才是较为成功的类型。当然，不管老板给多么高的薪酬，职业经理人的本质还是个打工者。对职业经理人来说，他们既要对薪酬感到满足，也更需要得到归属感。而老板的股权激励，恰恰能够使他们产生归属感。如今，很多老板的心态都越来越开放，因而渐渐地开始接受先进的经营理念，但是他们不知道怎么给才算合理，也不知道什么样的人才配得上股权激励；当确定给特定的人以股权激励后，又不知道在什么时间、以怎样的方式给。这些都是横亘在老板面前的难题。而且企业经营是一个连续的过程，但职业经理人的更换却在某种意义上切断了这样的连续过程，所以如何切割之前的积累与职业经理人到来后的业绩，也是需要用心琢磨的。这些问题都很专业，一旦处理不好就会影响公司的稳定，因而必要的时候，老板可以求助于专业的公司来辅助解决问题。

天下没有不散的筵席。在工作了几年之后，因为他个人的职业规划和看到了管理咨询的美好前景，以及对极限成本体系的自信，X男神选择了辞职。他要自主创业，成为一个独立咨询师及顾问。

X男神的目标感很强，行动也果决迅速。当他认定一件事情的时候，经过慎重的思考，马上就会采取行动。他是我见过的最具行动力与学习力的高人，这点让我深深敬佩。当他选择创业做咨询的时候，他就开始了正式的咨询师生涯。

从成功的职业经理人,到咨询事业创始人,X男神不仅为企业实现了极限管理,而且也实现了人生的极限跳跃。原本,很多人都羡慕他事业有成,深得老总的赏识和器重,却没想到他却勇敢地放弃了已经拥有的令人羡慕的一切,选择一切归零,从头开始,这需要怎样的胆识和魄力啊!

人生充满了无限的可能性,作为职场人,要有自己的目标,有自己的见识,也要有自己的理想和志向。在看似已经到达巅峰地方,只要我们愿意抬头望去,就会看到一山更比一山高,在云雾缭绕中,我们只要不懈攀登,就能到达更高的山巅,感受"一览众山小"的豪迈与惬意。

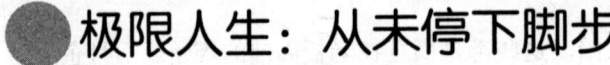

●极限人生:从未停下脚步

很多时候,一个优秀的管理者必须具备两点特质:一是觉悟,二是执行。

现在的职场中有明显的二八群分现象,80%的人在以房贷、生活压力、机会等理由混沌度日,自我逃避,放弃自己对梦想、目标的追求,因而越来越固执己见,拒绝改变。是他们没有能力吗?不是!他们有能力。但是,是把一种能力用3年,还是在3年的时间里培养出自己的3种新能力,结局是完全不同的。

还剩下20%的人虽然保持着沉默、低调,但是他们始终都在负重前行,自我觉悟、自我行动、自我进化。他们很清楚,每前进一步就能离自己的目标更近一步。社会是公平的,时间是公平的,同样每个人都在生命的变化莫测中生存，都同样面对社会上各种各样的机会。

在奋斗和拼搏的过程中，很多人都过分强调机遇、贵人等外界的因素，却忽略了最大的时间成本。时间是有能量的，但是只有极少数人能够拥有时间的能量。对于努力的人而言，每过一天，能量就增加一分，目标就坚定一分，迷雾中目标的灯塔就清晰一分，工作能力就精进一分。然而，对于消极沮丧、不思进取的人而言，因为他们每天都无所事事，所以他们每过一天，就虚度一天，就衰弱一天。

人，是要有反省精神的。一个人越是能够坚持反省，就越是觉得自己无能，越是坚持学习，就越是觉得自己无知。很多人都想预测未来，因而找各种人为自己占卜算卦。其实在这个世界上，唯有自己才能为自己算出未来，这是因为目标就在每个人的心中，有什么样的目标就有什么样的人生，有什么样的目标就有什么样的未来。

很多人都觉得很难改变自己，尤其是不如意的现状常常已经压得我们喘不过气来，更何谈改变。打破常规，改变现状，需要我们不断地累积能量，打破内心的限制和禁锢，只有这样，才能真正地突破自己。我们无法改变人性和浮躁的环境，但我们可以选择做一个高度自律的人。每天走2万步以修身，每天打坐反思1小时以修心，每天读古籍1小时以修德……高度自律产生能量，能量反过来增进自律，如此往复精进，这岂是浮躁的外部环境、人性所能干扰和撼动的呢？

当回顾往昔的时候，很多人都会产生恍如隔世的感觉，精彩的奋斗历程虽然已经过去了很久，却成为镌刻在生命中的回忆，让人永远难忘。接下来，就让我们看看创造行业奇迹的极限男神X，是如何成为职场上的常青树的。以下，是极限男神的自述。

我也经常回顾往昔，常思己过，从而保持自省，保持精进。2005 年，我担任一家大型炊具公司的总经理，公司经营混乱，管理上有很多问题急需解决。我上任之前，公司也曾经引入过各种管理模式和培训方式，但基本上都流于形式主义，治标不治本。最令人反感的是，项目一结束或老师一撤，管理就反弹，马上恢复原样。这意味着什么？意味着不接地气、不以人性为出发点的管理方法都是行不通的。

毫无疑问，管理工作是很难做的，优秀的管理者不但要懂得管理，还要懂得人性，因为管理是与人打交道的工作。通常情况下，管理者有 3 种管理模式：第一种，凭着经验管理；第二种，凭着个性管理；第三种，利用知识管理。这 3 种管理模式都有很大的缺陷。如今有一种说法，国内大多数中小民营企业的生命周期只有 2.5 年。我不知道这是哪家咨询公司的调研结果，但现实中的确有大量的企业因管理不善导致关门大吉。这些企业在关门大吉的过程中，也培养出了一大批浮躁的职业经理人。说是职业经理人，实际上他们并非真正的职业经理人，而只能说是一个不称职的管理者。由此一来，企业的发展就进入恶性循环，总是不断地换高管，与此同时，高管也在不断地换企业。不管是企业还是高管，都没有什么脚踏实地的奋斗精神可言，大家都怀着一种无所谓的态度，企业认为我有钱我就可以不断换高管，高管认为我不爽我就换企业。他们都不愿意静下心来把各项工作做深做扎实。

在那段时间里，我曾经深入思考过这些问题。我把这些问题写下来逐条反问自己：我是怎样的人？我怎么面对这些问题？具体问题如下所述，建议朋友们也要认真用心地问自己，这样才能有更好的成长。

（1）如果我没有超强的管理能力，打算几年换一次工作？

（2）高层管理者换工件一般有个怪圈，那就是越跳越高或越跳越糟。我属于哪一类？

（3）在这个竞争激烈的城市，我靠什么保证高品质的生活，也保证照顾好家人？

（4）我定立的人生目标是否太高，使我只凭着现在所有的资历，只付出自己可以付出的时间，根本无法实现呢？

针对这些问题，我进行了深刻的反思，得出的结论：我必须拥有一套与别人不一样的差异化能力、竞争力。只有能力超群，我才能不被职场淘汰，并且保持一定的职业发展高度，拥有稳定且持续升高的收入。要有一套被企业赏识、需要、利用的价值，才能在职场保持常青。

我是个热爱宁波的新宁波人，我决定在宁波定居，那么就要肩负起家人、亲人所有的责任。我不想与亲人分离，不想每年春节只回家7天敷衍了事地尽孝道，不能接受靠电话寄托亲情。既然我决定定居此地，那么所有家人也都要来这里，但都来这里需要我承担的压力太大了。我没有借口逃避这个责任，只有努力工作，艰苦奋斗，具备非一般的能力，才能完成这个艰巨的任务。我认为，是否给父母、亲人买房是我的问题，来不来是他们的选择。我对这个逻辑界限很清楚，我知道自己必须快速地成长起来。

我始终清楚一点，每个人在这个世界上唯一可以依靠的只有自己，而除了自己之外的其他任何人，都不能让我们完全放心地依靠。尤其是在职场上，我们一定要变被动为主动，要赶在还没有成为职场高龄人士之前，就积极地

创造机会，把握机会。很多人都习惯了被动地等待，我一直知道世上没有救世主，只有靠自己。坐等年龄的增长，坐等天降机遇，这种预期太没有确定性，我深知自己不能把未来寄托在有N种可能结果的方向上。我很清醒地知道，男人一旦过了45岁，在职场上就失去了利用价值，就会被淘汰，除非具备与众不同的差异化竞争力。我不能被淘汰，我的生活目标要求我至少50岁、60岁还要保持稳定的高收入才行。

想清楚以上这些问题的答案，再加上我也进行了清醒的自我分析，所以我决定要成为一个有超强竞争力的管理者。我没有其他的能力，只是擅长管理企业，那么我就要把企业的管理工作做到最佳。当时，我就下定决心要在企业管理上形成一套独特的管理模式。这套模式一定能快速、高效、明显地提升企业各方面的管理。我是在2005年明确这个目标的，从那以后，我每天不是敷衍了事地为了搪塞老板而工作，也不把工作的时间限定在朝九晚五，而是全心全意地投入工作，借助企业提供的平台，自己为自己打工。每天，我都激情满满地管理着企业，脑子里不是产值，就是利润，每天都见招拆招，处理、分析各种问题，同时谦虚冷静地认真看待、分析市面上的各种管理模式和思想，取其精华，弃其糟粕。一旦有了新的灵感和想法，我就在小范围内进行试点，不断地纠正、调整、更新，对的就加强，错的就改正。经过两年的努力，我才基本上形成了一套管理逻辑——极限成本。为了验证极限成本的效果，我在企业里把极限成本管理法进行大力推广，快速提升了企业的产值、利润。

当极限成本在当时我所在的企业获得成功后，为了验证它的适用性，我决定选择更大的龙头行业来验证这套模式。很快，我就到了一家国内知名品牌的集团公司担任集团常务副总,全面管理集团的各项工作,这让我有机会在更广泛、更纵深的平台上运作极限成本管理法。为了有效地运作这套体系,我要求自己每天必须去4家分公司的每个车间巡视一遍,清楚地了解和准确地验证各项工作的进展,同时也要对每个订单的每个数据熟记于心。

那一年,我走坏了3双皮鞋,我还把穿坏的皮鞋放在办公室的一个角落里,每当有下属对工作不作为,为工作失误找借口的时候,我就指指那堆皮鞋说:"我每天都在现场解决问题,你有什么理由不努力?"后来,我离开这家集团公司的时候,董事长在欢送大会上对我说:"我请过很多职业经理人,唯有你1年为工作走坏了3双皮鞋。"能够得到董事长这样的认可,我觉得我的付出是很值得的。我的家离公司只有几十公里,开车很方便,但我有一段时间就住在集团办公大楼旁的宿舍里,接连几个月都没有回家。每天我都在现场督导这套管理模式,不知疲倦,废寝忘食。

我管理的第一年,集团公司的产值、利润都实现了翻番的增长。这个结果很大程度上是这套管理模式发挥了巨大的作用,我平时的现场走动式管理反而显得不那么重要。因为很多管理者都具备勤奋、敬业等特点,但却并非每一位管理者都具备科学、高效的管理思维和模式。

2012年,极限成本管理模式经过不断的验证、提炼,已经形成了清晰、明确的逻辑和思维。这个时候,我很感谢自己多年来一直执着追求的意义所在,也得到了丰厚的回报。正是在这一年,我做了一个重要决定:离开企业,做个自由职业者,专为各种类型的企业做管理咨询、培训、提升这套管理模式,这样我就可以把极限管理模式推广到更多的企业,为它们提升生产效率、提供利润助力。

什么是极限成本管理？企业经营"没有利润什么都是假的"。

1. 核心思想。

对每一个订单都做全方位的数据跟踪、考核，一个订单全流程中所产生的所有的效率、成本都详细地记录，并对每一个订单进行复盘，建立订单管理数据库，同比、环比进行每单复盘，每一个订单的盈亏在订单完成后就知道，发现问题马上立项，马上整改，尤其是重点解决系统性、流程性的问题，不断地优化、提升各项工作流程。这套极限成本体系极大地提高了管理效率，并且最重要的是它真正实现了用全管理链、生产链所有的大数据来管理公司。每单计算、跟踪成本、支出、人员效率、产品成品率、订单利润等，用数据管理工作，改企业年终决算为每单数据核算。各项工作的优缺、快慢，每单的盈亏都一目了然。公司决策层通过各环节的极限成本管理体系，每单都能及时掌握各环节管理状态，各项工作无死角，因而企业效率、利润得到大幅度提高。

在不增加人手及设备的情况下，通过同步设置针对每单的成本考核的激励机制，关注中层、基层干部的培养与引导，把干部培养成忠诚、有信念、超一流执行力的，集会管理、懂成本、重品质于一体的复合型管理干部，因为产品制造的过程最好的控制在于一线工人及基层管理者的高效自控，全员管理才是最好的管理，也是最容易被推动的管理模式。

2. 具体措施。

将生产、品质、技术、采购、销售、财务之间的链条打通。将每单完成的数据单汇总、分析、汇集成公司当期需要的各项数据，环比、同比进行各项数据对比，总结、复盘，发现问题后用最快速度解决整改。极限成本管理到一定阶段后，可以完全实现采购最佳配件、物料，仓库最佳库存，现场最少在制品，最高的成品率，进而实现成本的最佳控制。

3. 改造对象。

改造对象为制造型企业班组长、车间主任、生产经理、各相关部门负责人。不增加人员，不外聘干部，也不增加人力成本，原有干部经全方位培训后都能快速适应这套管理体系。

4. 模式目的。

将原有的各级管理干部转变为复合型干部，即懂生产管理、懂利润核算、懂持续改进，成为通过极限成本的管理模式改造后综合管理能力大幅度提高的企业真正需要的各级管理干部。

5. 提升结果。

使被培训的企业的干部素质大幅度提高，产量、质量增长明显，公司整体利润显著上升。管理中的各项问题都能快速被发现、整改、提升。经过实施极限成本管理的企业，整体管理水平焕然一新。

我经常问我的很多客户，以下的问题你们团队怎样回答：

（1）你管理的公司（部门）人均利润（产值、销售）为多少？

（2）工作中异常的问题最快解决时间为多长？

（3）为客户解决问题的能力为多少？

（4）每月各环节各部门盈亏是否一表明细？

（5）公司部门间的沟通成本能不能用金钱来计算？

（6）公司的利润还有多少上升空间？

（7）同等成本下，你的公司有什么优势与对手不同？

（8）同行间你管理的企业（部门）的智能制造处于什么水平？

（9）怎样理解：只有把产品卖给世界级客户，才能提升企业竞争力？

6. 效果。

实施极限成本管理模式一年左右，利润、产量、成品率、客户满意度比采用新模式前至少产值不低于30%、利润不低于15%的增长。更为重要的是把各级干部改变成有执行力、讲利润、讲效率、讲责任的企业干部，打造出全方位满足企业发展需要的干部队伍。

时间过得好快，这些年来我从事管理咨询工作，服务了各行各业的很多企业，在不同的行业、类型中不断地提升、完善自己的综合能力，极限成本管理体系也由原来的1.0版提升到现在的3.0版。它分为单单考核、漠视成本、工作定式（36项全新工作模式）、极限目标、敬业基金5个模块，每一个都自成体系，可以根据不同的企业实际，推行不同的模块。这些模块可以拆分，也可以合并使用。直接对应的是产值、利润的增加，这是企业最核心的。因此，效益很明显，在很多企业起到了非常显著的成效。

2020年，爆发了新冠疫情，这段时间里，我看到了中国抗击疫情的各种雷厉风行的行动，也看到了国家越来越强大。对我个人而言，从未有如此的时间、空间让自己静下来复盘、反思、学习，我学习了企业管理的楷模——台塑王永庆。他在80岁、90岁高龄时还每周工作不低于100小时，平均每天工作14小时以上，同时他要求所有台塑高管每周工作不能低于70小时。很惭愧，我现在达到了每周不低于70小时的工作强度，不知休息日为何物，但离楷模的100小时还相差很大，我还要继续努力。

多年来，这个工作强度累跑了我的很多下属，但他们都承认在我这里学到了全新的管理理念，极大地提高了他们的管理能力，但是他们依然希望每个工作日都可以朝九晚五，每个礼拜都可以双休，他们不愿意承受太大的压力。这并没有错，这是每个人对于生活不同的诉求和目标，所以我没有强求他们，而是尊重他们的选择。在坚持多年高强度工作后，这次的暂停键使得我能真正休息了一下，同时反观、修正自己。我每天都是在反思、批评与自我批评、读书中进行。越反思越惭愧，越读书越看到自己的不足。年轻时定立的目标，我已经基本完成了。在这个小假期里，我又制定了几个在未来30年里要实现的新的人生目标：人到中年换挡加油奔向更清晰的目标，坚持活到老学到老，工作到老，进化到老。

我很感谢这个时代，我是其中一员，大街上熙熙攘攘的人群里、各行各业的职场里高手云集、能人辈出，让我们每个人都能在这平台上各展所能，把自己、社会、国家建设得越来越好。2005年的一个觉悟，十几年对这个目标无悔执着地追求，改变了我的人生。人生很难分清对与错，只有对目标的不断加强和修正，但无论如何，想去"罗马"的目标不变。人生没有假设，方向错了，你再怎么努力都是白费的。

勤劳能不能致富？当然可以，但是前提是要保证正确的方向。把工作当作修行，把压力当作修行，每走一步都是修行，每走一步都更加低调，每走一步都离目标更近。很多时候，无招才能胜有招。人们常说，人算不如天算，的确如此。我们应该做好自己该做的事情，而把其他的事情都留给命运安排。在坚持不懈的努力中，我们一定会获得自我加持的能量。

现在的我每天都充满信心，能量满满，能够从容地解决生活、工作中的每个问题。人生如梦，在某一个年轻的时刻，在我迷惘的时候，未来的我通过能量的信息——一个画面、一个灵感在梦里、脑海里告知我几十年后应该是什么样子，醒来后自觉自悟像迷雾中的明灯，照亮了我无怨无悔大步前进的方向，哪怕在事业的道路上独自前行，也不会觉得孤独。在这里，我要感谢我的父母，是他们给了我良好的教育和素养，使得我能随时看清真实的自己。我要感谢当年的自己，没有随波逐流、没有忘却责任，所以才能成就今日优秀的自己。

看了 X 男神的独白，你们的内心有怎样的感悟呢？一个事业有成的人，依然能够不忘初心，砥砺前行，作为普通人的我们，又有何理由自我满足，止步不前呢？人生如同逆水行舟，不进则退，只有怀着积极进取的心，我们才能在成长的道路上获得进步，坚持进取。人生中，每个人都有极限，而生命最大的极限，就是生命的有限。不要觉得宝贵的青春时光是无论怎么挥霍也用不完的，在我们不经意间，生命的时光就正在悄然流逝。既然如此，我们一定要把握现在，才能在人生中找到将来，找到永远！

独自向前：一个职业总经理的内心独白

有人说，成功者总是孤独的，这是因为获得成功就像爬山，越是到达山巅，越会感到同行者太少。如果我们攀登的是珠峰，就更是会历经辛苦，甚

至要冒着生命的危险，付出伤痛的代价，才有可能到达顶峰。曲高和寡，就是这个道理。苏轼也曾写过，"惟恐琼楼玉宇，高处不胜寒"。其实，作为职业总经理，在职场上也面临着这样孤独难熬的境遇。越是在这样的时刻，越是要独自大步流星地向前，才能走过艰难时刻，走到柳暗花明又一村的胜境。

很多职业总经理都觉得孤独，不知道除了要在专业上提升自己之外，还要在哪些方面提高，才能在职业生涯中得到更好的发展。其实，不管身处怎样的职位，每个人首先都是人，也只有做好人，才能扮演好社会生活中的其他角色。例如，要有真性情，爱就是爱，恨就是恨，行就是行，不行就是不行。有些人的职业发展之所以遭遇困境，就是因为他们不管是做人还是做事都拖泥带水，不能做到干脆利落。

具体来说，要想当好职业总经理，要做到以下五点。

第一，坚持高强度工作，一分耕耘才有一分收获。

我是不折不扣的工作狂，在我的朋友圈内，我给自己的工作强度和压力是最大的。我经常每周工作超过 70 个小时，最高峰时同时管理跨行业至少 6 家大公司。现在，我一边创业，一边给各类民营企业教授管理课程，也为制造业做改善项目等。我的一个观点比较偏激，我始终狭隘地认为一个男人过了 40 岁还给老板打工是对自己、家人的不负责，自己的收入高低、生活水平都依靠老板怎么能行呢？万一发生经济危机怎么办，频繁地换工作吗？要么有自己的事业，哪怕是一家馄饨店，至少每天有固定的收益保证生活开销；要么你能够一个人具备几个人的能力，得到老板的赏识和器重，确认老板是离不开你的。

创业不分年龄、早晚，也不分规模大小，只求追逐和实现梦想。对于创业，现实告诉我，只有艰苦奋斗、实事求是才是成功的唯一保证，天天想着暴富，不用付出，只坐在办公室里就拿到高薪挣快钱，天底下哪有这样的好事呢？不得不说，现代社会里，有太多的人都夸夸其谈、好高骛远、不务正业。

做事业就要和人打交道。对于与人交往，我始终认为强扭的瓜不甜，如果道不同，就不要勉强自己。所谓"道不同不相为谋"，强求的后果也许是连朋友都做不成，这又何必呢？既然预测到远处是一面南墙，那就马上掉头。遗憾的是有很多人偏偏要走到南墙，又坚持要在南墙上撞个洞，才彻底醒悟自己不该这么做，这又何苦呢？

每当有新项目要投资或运作时，我第一时间想到的就是人，谁和你合伙投资，谁给你管理。我会和一些我感觉还不错的人或者专门物色到的人交流，把我的想法、项目细节、投资愿景、运作等和他们进行深入交流，然后看着对方的眼睛，听着对方的话语，判断出对方对我的话有没有共鸣。当发现对方根本不认可艰苦奋斗的运营模式，或者希望空中掉馅饼时，我马上就会终止和对方交谈。事业勉强不得，如果与合作伙伴做不到同心同德，将来肯定会发生矛盾，产生冲突，甚至会翻脸。我可不希望看到这样的结果。

第二，坚持亲情最大。

虽然金钱买不来爱，但爱却是需要用钱来表达的。不管你承不承认，至少在80%情况下，爱需要靠着金钱表达。爱孩子就考虑他以后三代怎么办，爱兄弟姐妹就要把他们的生活改变当作自己的责任，爱父母就在你的身边给他们买套房，把他们接到身边生活，而不是打个电话买套衣服搪塞和敷衍他们。在做这些之前,你完全无须担心父母是否愿意来到你身边生活,很多父母之所以不愿意,是不想干扰孩子的生活,也是不想给孩子添麻烦。你要知道,是否为父母买房是你的问题,来不来则是父母的选择。你要先为父母提供条件,父母才能遵从内心做出选择。所以不要把这两个不相干的问题混为一谈,这是两个彼此独立的问题。作为子女,当你打电话告诉父母,你通过自己的努力在自己所在的城市给他们买了套房,电话那头的父母不管嘴里说些什么,眼睛里肯定是泪花闪烁。这是爱的付出与回报,一句话胜过千言万语。

爱越大,责任就越大,工作奋斗的动力就越大。内心充满爱的人,为了自己所爱的人,比为了自己奋斗,更加充满动力。当然,买房子不是小事情,我们无须心急地想要一步到位,而是可以制订计划,按部就班地进。例如今年给爸妈挣个客厅,明年攒个阳台,后年凑个卧室,一步一步地实现目标。

当你把亲情放在第一位时,所带来的生活改变是你无法想象的。2004年,我刚刚来到宁波,只能租房住,感到很不习惯。在当时,我的脑子里只有一个念头,那就是无论如何都要有套属于自己的房子,和家人团聚,快乐生活。于是,我拼命工作,省吃俭用,两年之后就在宁波买了第一套房子。那个时候房价很便宜,才4000元/平方米左右。我安好了自己的家之后,马上想到把父母接到身边,所以还要再买套房子。那几年,我的脑子里就是买房,从来没有想过5~6年后宁波的房价会上万元/平方米。如果那时候有先见之明,我就是砸锅卖铁也要多买几套房子。我其实没有投资概念,就是想和家人在一起,不同的思维方式决定了不一样的结果,这是上天对我看重亲情的回报。

第三，遵从平和、淡然的金钱逻辑。

在金钱方面，我始终有个原则和底线，那就是除了房屋按揭外，不要向别人借一分钱，也不要借给别人一分钱。人性的扭曲和社会的现实使得你只要和别人有金钱的借贷关系，就会烦恼丛生，如果对方真的需要你的帮助，那就不要借，直接把钱送给对方，只有心里从不想对方会还钱给你，你才会坦荡。尤其是亲人之间，有就直接给，千万不要和亲人谈钱。

我从来不向别人借一分钱，从来都是量入为出，有多大锅下多少米。没有钱了，我就多讲课多做项目，努力挣钱。有一次，我的一家公司因客户订单变化，要计划外购买一批检测设备，我手头一时没有这些钱，就上午在上海、中午在永康、晚上在宁波，一天跑3个地方讲课、做项目，挣的钱马上交给公司买设备。虽然辛苦疲劳到极点，但是我觉得内心踏实，非常快乐。只要守住不借钱的底线，我们就能激发自身的能量，发挥挣钱的能力，让自己更简单纯粹，更快乐从容。

每次投资项目，我都会先想到能不能有15个月以上的现金流，从而保证公司的基本运转，因为每个项目至少需要支付工资、房租。在提前准备好15个月现金流的情况下，即使公司2年不盈利，也能活下来。如果没有15个月的现金流，我就继续攒钱，等着投下一个项目。很多事情是急不得的，古人云"欲速则不达"，很有道理。很多人生怕错过眼前的机会，认为现在不投，将来就没机会投了，为此盲目上马项目。这样的急功近利和不负责任，害了很多人，他们匆忙上马项目，结果因为运营不佳导致公司倒闭而破产。

如今，我手里有10多个投资项目，但这些项目如果没有足够的现金流我就坚持不投，没有合适的人去管理，我也坚持不投。我坚持脚踏实地，拒绝浮躁，正因如此，我控股的几家小公司才能活过2年，实现盈利，从而为下一个项目提供了资金支撑。有个朋友开了家公司，还专门花费高薪请了个财务风控官。我对此不以为然，只有老板才能把控公司的战略、业务、财务风险，所谓的财务风控官是个外人，怎么可能保证公司经营稳健呢？

每个人都要守住金钱的底线，与任何人都互不相欠，才能拥有宁静美好的生活，才能挺直腰杆，更自信自如地创业。而且，一个人在金钱上没有乱七八糟的往来，也就没有糊涂账，在朋友圈里的名声也会很好的。也许有人一开始不理解你的原则和底线，但当你坚持这么去做的时候，大家就都会很开心，从而和谐融洽地与你相处，也会很乐意把相关的业务介绍给你，照顾你的生意。这些年来，我的管理培训、项目运作都是靠着朋友或者熟悉的客户介绍，才能源源不断。

2015年上半年，我兼职给一家公司做管理顾问，为这家公司制订了改革方案，进行管理改革。但是，我改革的第一条——精兵简政，根本无法推行下去。我建议老板："我这个管理顾问是闲职，可有可无，先从我这个岗位开始，把这个岗位裁掉，将来我们有机会再合作吧。"当时，老板很感动，因为管理顾问是拿月薪的，当月付清后就再无瓜葛了。过了半年之久，2016年春节前，这家公司突然给我汇了几万元钱。我赶紧打电话给老板："你早已付清顾问费了，不需要再给我钱了"老板说："过年了，这点小钱聊表心意。这次改革，跟了我多少年的人都没有主动提出降职降薪配合公司，只有你这个才合作不久的外人第一个站出来为公司考虑。这点钱不成敬意，请你收下，表示我的感谢。"电话两边，我们都很感动，因为这不是钱的问题，而是我们相互信任、理解的代表。

令人欣慰的是，到目前为止，我所管理过的公司不论规模、行业，也不论经济大环境如何，在我的任期内都是盈利的，利润都是逐年增长的。因为这一点，我得到了圈内人士的一致认可，所以我根本不愁没有项目做。

第四，坚持事业底线。

做事业一定要信念坚定，头脑冷静，讲究诚信，胸怀博大，既要能够耐得住寂寞，还要有强大的纠偏能力。信念坚定是指你能不能在别人还纸上谈兵时就抢先出发，抢占先机；头脑冷静是指在别人七嘴八舌时，你能否看到未来3年。讲究诚信，指的是能否和合作伙伴践行约定，能否按时发放员工的薪水，从不拖欠。耐得住寂寞是指找不到知己或同类时，能否一人独自奋斗。纠偏能力是指在经济环境复杂的情况下，能不能及时力挽狂澜把握公司前进的方向。总之，开创属于自己的事业并不是一件简单、容易的事情，我们必须坚持底线，必须做好方方面面，才能带领公司获得发展。

关于胸怀，我其实有些惭愧。在几个我有股份的公司召开会议时，我说："我现在的胸怀只能送出30%的股份，未来随着年龄的增长，散财的胸怀会逐渐宽广，可能今后10年内我会送出70%，自己只留30%，所以只要你们好好做，我们的缘分还很长。"直到现在，我公司的核心人员、管理干部都非常稳定，没有一个离职的。正是因为有他们在，替我守着公司，全心全意地帮我做事情，我才能经常去外面讲课、做项目。

只要有收入，我就马上投在项目上，任何理财的回报率都不如投资一个实体公司或项目更好。只要公司或项目熬过2年以上，就都可以有回报。我的理想是在60岁之前有10家自己控股的不同行业的小公司，我不求大，只求小而精。哪怕几个人的小公司，哪怕是一家连锁餐饮店，只要每年的销售利润都能保持正增长就行。我并不急功近利地想要打造家族企业，说不定10年、20年后，其中的一家小公司会成为上市公司呢。只要我坚持下去，一切皆有可能。

我计划把大部分股份都送给这些公司的关键管理人员，每家只留30%的股份。这样一来，他们就会放开手脚努力干。如果每家都盈利，即使我在每家只有30%的股份，我的收益也会非常可观。最重要的是，我不需要像很多老板一样一直守着公司，而是可以自由地在外面讲课、做项目，生活悠哉。我现在虽然没有什么积蓄，但是我把所有的钱都投到事业中了，相信我一定能收获未来。

第五，积极乐观，快乐生活。

我爱我的亲人，为了他们奋斗是我最大的幸福，是我能量的源泉。我喜欢跟着爸爸妈妈逛超市，推着购物车只负责买单。在那一刻，我不是什么总裁、总经理，就只是一个孩子。我喜欢周日开着车陪爸爸去鱼庄钓鱼。我喜欢送儿子上大学，我喜欢排着队给儿子交学费，而不喜欢用网银转账，我喜欢和儿子一起在大学里转来转去。我喜欢为了事业打拼，即使在工作之余感到孤独时，也可以看看电影，看看喷泉，购购物。我已过中年，半生的付出在我看来刚刚及格，接下来，怎样完成新的人生计划，是我的重中之重。

当然，我说这些并不意味着只有创业当老板才是对的，而那些追求现世安稳、岁月静好的人就是错的。每个人都有自己的活法，条条大路通罗马，我从不认为自己的活法就是对的。比起那些高手，我还差很远，但至少我现在每天的工作是非常充实的，连失眠的时间都没有，不会因担心工作而没有安全感。也不会因没有清晰的目标而迷惘困惑。我因特立独行所以独自奋斗，因看透人性所以少走弯路，因艰苦奋斗所以从不担心失业。作为一名职业总经理，作为一名疯狂创业者，我立马千山外，迎风听远方，心在梦就在，独骑走天涯。

每个人都渴望拥有成功的人生，但是，成功可不是一个简单的定义，也不是想要成功就能成功的。在这个世界上，大多数人都是处于金字塔底部的人，过着普通而又平庸的生活，常常为自己的生活感到满足，却不知道自己多么渺小。只有那些能够看到自己渺小的人，才能认识到自己生存的现状，也才能更加拼尽全力去奋斗，去努力。越努力越幸运，不努力就只能停滞不前，既然如此，不管我们此刻在职场上有了怎样的成就，不管我们预期未来的职业发展生涯如何，都要拼尽全力，勇往直前！

●心的改变：写给年轻人的小感悟

有人说，心若改变，世界也随之改变。即便如此，还是有很多人局限在自己狭隘的内心中，不愿意有所改变，而只是一味地抱怨外界。这是一个唯物主义的世界，外界的很多人和事情都不是我们凭着主观意愿就可以改变的，其实，我们真正可以改变的，唯有自己。

在职场上，很多人都对外界抱怨不休，不是埋怨公司平台小，就是埋怨领导不赏识自己，或者埋怨同事不给力。在埋怨之前，我们可曾想过自己又做得怎么样呢？在这个世界上，每个人都是很渺小的，不得不承受外部的重重压力，但是我们可以选择改变自己。例如在职场上，如果我们对于自己的职业发展不满意，那么可以比别人早上班10分钟，还可以比别人多加班1小时。对待工作，每天懵懵懂懂是一天，每天神采奕奕也是一天，同样是度过一天，在不同的心态下，结果却是不同的。一个人，既不应该把自己看得特别高大，也不应该把自己看得特别渺小。只有正确地看待和评价自己，我们才能找准自己的位置，从而有更好的人生表现。

如今的很多年轻人都承受着生活的压力，也倍感职场的艰辛，为此他们很颓废，很沮丧，不想通过努力来改变命运，常常在无奈中唉声叹气。这又能怎么样呢？只要一息尚存，就依然要独立面对问题，就依然要承担起很多的责任。任何时候，抱怨、拖延、逃避都不能解决问题，只有勇敢地面对，才能改变现状，主宰命运。具体而言，作为一个顶天立地的人，不管是面对生活，还是纵横职场，都要做到以下两点。

第一，肩负起属于自己的责任。

即将走上职场的年轻人必须把责任作为第一要素，要有大爱，爱父母、爱家庭、爱朋友，要有铁肩担道义的责任感。很多时候，我们必须靠自己，不要奢望奇迹的发生，如果爱父母，那么就要通过自己的努力让父母生活得更快乐，而不是打个电话报报平安；如果爱兄弟姐妹，就要通过自己的努力帮助他们改变现状。没有人强迫你去做这些事情，除了爱父母之外，你还可以选择

"啃老"，自己每天无所事事，就等着拿老人的钱混日子；你要是想安逸，觉得自己都顾不上自己，那么你就不要梦想去帮助兄弟姐妹。现代社会，有很多人都陷入一个怪圈之中，即"晚上想想千条路，早上起来走老路"，想来想去只是徒增烦恼而已，而并没有真正改善自己的现状，更别说把控自己的命运了。

当你选择做一个有责任有担当的人，很多情况就会变得不一样。你的内心最深处有个叫责任的声音，每时每刻都在提醒着你，在你满身疲惫时给你能量，在你意志消沉时给你激情。坚持下去，你的生活肯定会呈现出不同的情景。

第二，勤奋。

古人云"勤能补拙是良训，一分辛苦一分才"，无数的事实告诉我们，一个人即使没有天赋，不够聪明，只要坚持努力，就能做出成绩。更何况如果天资并不愚钝，而且能够做好自己该做的事情呢。聪明加上勤奋，一定会让人生腾飞。

勤奋，是每位即将走入社会的年轻人必须具备的第二要素。我们先看看这几位大佬怎么做到勤奋的吧！

第一位商界大佬是台湾首富王永庆，他每周的工作时间都不低于100小时，同时要求台塑的高级管理干部每周工作时间不得少于70小时。他以高标准严要求对待自己，才能让下属都对他心服口服，也愿意铆足了力气跟着他干。

第二位大佬是娃哈哈的老板宗庆后。他每年都要花费三分之二的时间在市场一线跑，了解市场行情。2002年8月，为新建分厂考察选址，宗庆后连续 12 天马不停蹄，跑遍了大半个中国。

第三位大佬是安踏老板丁世忠。他曾经在近两年的时间里，走遍了中国的地级市，总数超过 500 个。

在中国商界，娃哈哈董事长宗庆后能够与丁世忠相媲美。他们都是民企中顶级的老板，企业发展得很好，都是业内的龙头企业。他们尚且这么辛苦勤奋，更何况我们这些所谓的职场人呢。我们默默无闻，就更没有理由懈怠、懒惰。世界上的武功唯快不破，生活、工作唯勤奋不败。勤奋不仅是个人获得成功的捷径，也是企业生存发展的首要因素。在企业中，自上到下，从老板到管理干部，再到一线员工，每个人都要勤奋，才能拧成一股绳，带领企业获得更好的发展。

在企业里，勤奋应该成为录用、选拔干部和员工最起码的标准。一个管理者如果只知道坐在办公室里发号施令，有事没事就召集下属开会，从来不知道为自己制订切实可行的计划，那么他就不是一个合格的管理者，更无法带领企业获得更好的发展。企业需要的是勤奋工作，善于发现问题、解决问题，把问题规避在萌芽状态的管理者。

勤奋可以让我们第一时间发现问题，第一时间找到解决办法，第一时间落实整改。勤奋是一种精神力量，它能帮助我们战胜困难，渡过难关，它能使我们在起跑线领先对手，这就为我们奠定了成功的基础，让我们能够看到未来的发展结局。不论创业、守业，勤奋都是企业文化的基石。

从另一个角度来看，勤奋可以锻炼身体。力气是用不完的，也许经过一天的劳累，我们会觉得很疲惫，但是只要在夜间躺下休息，在适当的时候放缓节奏，我们很快就能恢复体力。我们每天在车间、市场、工作一线等勤奋耕耘，至少可以全面锻炼身体，让身体更加强壮。这对事业、对家庭都是最重要的。

为了事业的更好发展而勤奋工作，是快乐的、充实的。每天忙碌地工作，我们就没有时间失眠，更没有时间想那些烦恼和琐事，反而浑身都充满了力量，对于未来的目标和规划也会越来越清晰。

勤奋的人都是敬业的人，敬业的员工是企业的无价之宝。现阶段这样的员工、管理人员少之又少，好的企业不但要四处寻找优秀的员工，还能够通过制度和文化使每个员工都更敬业。企业对员工，员工对企业，都要像亲密无间的家人一样紧密团结，共同努力，才能共同富裕。

有一次，我去招聘员工。我对一个年轻的应聘者各方面都很满意。正当我准备录用他时，他说了句："必须有双休！"我笑了，轻轻地把简历翻过来放下，平静地对他说："我现在40多岁，平均每周工作时间不少于80小时，才有今天这不值一提的成就。如果我和你一样非双休不工作，那我现在肯定也和你一样正在抱着简历，四处找工作。你可明白？"对方用迷惑的眼神看着我，眼神里只有3个字：不明白！

我也很纳闷，如今的年轻人年纪轻轻的，为什么就不愿意付出，不愿意努力？明明一无所有，却还要先享受再付出，到底是什么给了他们这样的谜之自信呢？一个人如果没有过人的天赋，也没有显赫的家世背景，更没有突出的才华，就不要奢望着能够一飞冲天，更不要奢望着不劳而获。从现在开始，不管你的肩膀多么稚嫩，不管你在成长的过程中多么安逸舒适，只要走出了大学校园，只要踏足了职场、步入了社会，你就要肩负起属于自己的责任，你就要勤奋和努力。也许努力了未必有回报，但是如果不努力，就注定没有任何回报。每一个成功者都是努力耕耘的人,在努力没有达到一定程度之前,他们从来不会奢求回报,更不会在求职的时候或者在工作的过程中,与公司领导斤斤计较。对于年轻人而言,工作最大的收获不是薪水,而是经验,是未来。

从现在开始,就让我们调整好心态面对未来吧!

第六章

职场思维之升维篇

眼界决定格局,思路决定出路。一个人要想在职场上有更好的发展,就要有开阔的眼界、远大的格局,也要有清晰的思路。很多人鼠目寸光,把人生中的很多东西都割裂开来看,导致人生的能量七零八碎,不能聚合起来发挥强大的作用。其实,生命中的很多事情、很多人都是密切相关的,彼此之间有着千丝万缕的联系。站得更高,从更加宏观的角度来看职业发展,说不定还会有意外的惊喜收获呢!

● 生涯发展：让你在职场跑道上胜出的3个方法

人人都想在职场跑道上胜出，然而，职场跑道上人才济济，每个人都削尖了脑袋往前钻，要想胜出，并不是容易的事情。每年，都有很多的应届大学毕业生涌入职场，与此同时，很多职场人士也会因为各种原因而换工作等，这就注定了人才市场上始终都挤挤挨挨。面对竞争激烈的现状，一味地逃避不是方法，被动地被人群裹挟着向前也无法脱颖而出。唯有采取积极的态度，投身于竞争之中，我们才能变守势为攻势，也才能在职场上有更好的表现。

当然，要想在职场上获得成功，不可能一蹴而就。职业发展是一个需要长期规划和坚持努力的事情，如果带着急功近利的心态，那是根本不可能获得成功的。很多时候，有方法就能事半功倍，没有方法就会事倍功半。因而在职场上拼搏，除了要兢兢业业地埋头苦干之外，还要掌握一定的方法和技巧，这样才能取得更高的效率，获得更好的结果。

2006年1月创业初期，我曾经成功推荐了一个候选人给好朋友的公司。作为创业者，在创业初期，我也只能把好朋友的公司作为首选开发客户，开拓业务。至今，我依然感激他们当初无条件地支持与信任我，也很认可我的工作。我们暂且称呼这位候选人为D吧。

那个时候，D从事机械类产品的销售工作，担任销售经理一职。现在，D在一家国内知名的机械类产品上市集团公司担任销售副总经理职位。这些年来，D从未更换过职场跑道，如今他已经成为业内知名的职业经理人。那么，他是如何在职场跑道上获胜的呢？接下来，就让我们以D的职业生涯为例，谈谈在职场跑道上胜出的3个办法。

第一个方法，贵人引路，严即爱。

D来自外省，当初就读于北方的一所大学，毕业时，他参加了学校组织的招聘会，巧合地投递了一份简历给宁波的一家事业单位，得到了聘用。工作初期，他为一位领导担任秘书。这位领导毕业于名牌大学，不但对自己高标准严要求，而且对下属也非常苛刻。D作为秘书，经常要帮领导写发言稿及相关汇报文件，但是作为毕业于名校的实干型领导，对于文件的书写有着苛刻到极致的要求。D煞费苦心写的文稿，经常被一次次地退回修改，为了让文稿得到领导的满意，他经常加班加点，晚上领导已经下班，他还留在办公室里继续加班，因为第二天早晨他就要把稿子交给领导看。众所周知，写文章可不是一件容易的事情，尤其是要写得让领导满意。在经常工作到凌晨的一年里，他始终承受着高强度的工作节奏，虽然有过委屈，感到辛苦，但是他始终坚持着。很多同事都对他深表同情，尤其是看到他在大家下班之后依然留在办公室里挑灯夜战，大家更是觉得他怎么这么倒霉，给一位"魔鬼领导"当秘书。让大家万万没想到的是，一年之后，领导破天荒地提拔他成为单位中最年轻的科长。这样的升职速度，堪比坐上了火箭。

作为年轻人，在成长的过程中，如果没有遇见过一个要求非常严格的导师，根本就不会真正地成长。在当时，被导师严格苛刻地要求，也许我们会

"讨厌"他，但是当有所成就之后，我们一定会感谢他，也深刻意识到原来他是我们真正的贵人。对此，我深有体会。当初，我初入职场，从事办公室综合管理工作，也经常遭遇稿子被严厉的领导当面扔掉、多次推倒重来的"待遇"。在当时，我觉得这是折磨，甚至因此萌生过辞职的想法。但是现在，我却认为他是我的贵人。从每个人的职业发展来说，拥有一个严格苛刻的领导，有助于促使自己快速进步。有些领导看似威严，对我们的要求很高，实际上恰恰是因为他们很看重我们，也很重视和我们相处的机会。只有严格苛刻的领导，才能帮助我们以最快的速度成长。

我们应该感谢曾经严格要求我们的领导，看似一次次被批评，感到难堪，但这恰恰成就了我们的职场发展之路。

第二个方法，找对跑道，持续发展。

很多人都很羡慕 D 如今的发展，其实，D 不仅仅是因为遇到了贵人，也因为他本身就很积极上进，有着非常强烈的事业心。他热爱本职工作，而且目标明确，他希望自己能够一直在机械装备领域发展，所以才能在职业通道上跑在前面。

在目前的企业，他已工作了 8 年。这是一家上市公司，他兼管多个子公司的营销工作。我非常清晰地记得，在 2006 年时，他的年薪大约是 15 万元，包括每个月 6000 元的工资及奖金，再加上年终项目提成。如今，他的年薪已经达到 80 万元左右，而且不包括公司分红，已完全算得上是一个小有成就的职场人士了。

转眼之间，十几年过去了。当时，他在那家企业工作了近 5 年，而后就去了现在所在的企业，整体经历非常简单。谈到待遇，他非常谦虚地说他的能力并不是很强,无非是找到了对的行业,并能一直在这条跑道上持续发展,跟公司一起成长,跟着老板打江山,从未想过跳槽,也没想过改行。实际上,D所从事的行业非常辛苦,任何得到的后面必定隐藏着艰辛的付出。而在此过程中,他经常接到猎头的电话,面临一些新的诱惑。但他告诉我,他非常感激公司给予他的机会,一般情况下不会轻易考虑其他的机会,他只想专心致志地把手头上的工作当成自己的事业,圆满完成。此外,作为一名高层管理者,他还想为公司培养更多的人才,回报公司。当一个人对于职业有这样的觉悟,有这么良好的心态,他当然能够在职业发展的道路上有更好的表现。

第三个方法,拥有危机意识,持续学习。

作为一家上市机械装备集团的高管,D告诉我,在公司的8年中,他也看到过很多的同行职场高管在不同的公司里进进出出,有很多曾经的同事都在频繁地流动,虽然他们的薪资会短期超过同等岗位的自己,但是他并不心动。他很清楚,他所在的公司在同行的薪资水准中不是最高的,但他非常认可公司的文化,也很看重在公司的稳定发展,所以他才会综合考虑选择留在公司,而不仅仅只盯着钱看。与此同时,他也见证了很多前同事的起起落落,他觉得自己非常幸运,可以稳中求胜地留在公司继续发展。

当然,D和很多人一样面临着困惑。他也谈到了很多职场人士担心的年龄问题。近些年来,公司梯队建设非常快,陆续引进了很多年轻英才,他虽然才40岁出头,但是已经属于高龄,所以他不得不开始考虑5年之后的事情。因为人才迭代的速度越来越快了,公司的管理层中出现了更多年轻的面孔,所以他产生了危机感。为了让自己在和年轻人为伍时不至于显得落后,他开始学习MBA的课程,同时尝试着在做一些投资。他之所以做这些,就是为了自己和

家庭的未来发展做准备。

人们常说，活到老，学到老。这就告诉我们，不管是从怎样的大学毕业，也不管在职场中有了怎样的基础，进行了怎样的发展，我们都要更加积极地面对成长，从容地做好自己。D虽然事业有成，让人羡慕，但是他始终保持着危机意识，也在采取切实有效的措施让自己有更好的成长和表现。相信经过这样的未雨绸缪，D将来哪怕在年轻人的队伍中成为高龄人士，甚至成为公司的元老级人物，也不会被雪藏起来，而是会继续为公司的发展贡献自己的光和热。

职业生涯的道路和人生的道路一样，总不会是一帆风顺的，而是会面临着各种各样的挑战。我们唯有摆正心态，在职业发展的过程中遭遇困境的时候，始终都能充满信心和勇气，这样才能战胜各种困难，超越各种困境，从而做最好的自己。

看《猎场》谈职场：一个资深猎头给职场人的3个铁血职场规则

热播电视剧《猎场》，主要是描写猎头及商战的，引起了观众的广泛关注。该剧自播出以来，除了紧张的商战剧情之外，男女主角郑秋冬（胡歌饰）与罗伊人（菅纫姿饰）的情感纠葛也备受关注。

一直以来，描写职场的电视剧很多，但是关于猎头的很少。从故事的情节来看，虽然为了增加看点，使得剧中的一些场景与实际情况有所差距，但主人公从大学开始创业到逐步步入职场，在后来的创业生涯中，从普通的街边职业介绍所到高档办公楼内的猎头公司，他成长的历程有不少曲折与磨难，堪称一部很好的职场奋斗剧，可以提供给职场人士很多启示。

出于对这部剧的关心，我特意上网查看了观众们对《猎场》的评价，发现评价呈现出两极分化的现象。作为一位有十多年高端猎头从业经历的业内人士，我认为，剧中主人公郑秋冬应该是一个为理想坚持不懈的人，尽管不断遭受各种挫折，不时危机重重，但他并不甘心，而是发奋图强前行。剧中另一主人公罗伊人两次对郑秋冬倾囊相助，帮助郑秋冬渡过难关，真情令人感动。剧中另一猎头顾问林拜从早期推荐郑秋冬到山谷商务任职，到后期与郑秋冬进行业务合作，这期间的情节设置虽然不完全符合猎头的逻辑，但这部电视剧还是将猎头这个游离于大部分人视线外的职业予以隆重介绍，非常难得。

如今，猎头这个职业虽已经进入了大众的视野，但很多人对猎头的认知还停留在招聘的思维上，不懂真正的猎头是做什么的。商场犹如战场，我们作为职场人士，要想在个人职业道路发展过程中取得成功，必须逐步建立个人的职业品牌与口碑。在国外，高级职业经理人在市场化的流动中，通常都会通过猎头顾问来进行操作。其中，没有猎头运作是不可想象的，猎头顾问相当于职业经理人的个人职场经纪人。在国内，北上广等一线城市中，也有越来越多的企业在甄选职业经理人时，选择与优秀的猎头公司合作，寻找靠谱的猎头顾问成为自己的事业经纪人，以保持职场的长期发展。从一个专业人士的角度来看，通过本剧，我想给职场人士一些切实可用的建议。

第六章 职场思维之升维篇

第一，重视职业规划。

每个人都需要对自身的职业发展有一个明确的规划，要根据自身的个性、能力特质等选择进入一个自己真正喜欢且适合的行业领域长期发展。"我们只希望每一次做对，我们只希望一直走在做对的路上，也许我走得不是很快，但是慢慢地，我会到达终点。你虽然快，但是却走在错误的路上，最终会死得更快。"这句话明确表达了企业跟猎头最看重的候选人，一定是持续在一个行业领域或类似行业领域长期发展的资深人士，而这需要个人有非常明确的职业发展规划，及对自身所处行业的深刻认知。

剧中，郑秋冬一开始因为欲望所致，一念之差误入传销组织，深陷其中不可自拔，其实就是选择错误，被所谓的表象所迷惑了。其人生转机是在狱中遇到了前猎头公司负责人刘量体，识人无数的刘量体发现了郑秋冬在人际沟通方面有天赋，建议并且资助郑秋冬学习人力资源。这和郑秋冬的梦想不谋而合，也正因如此，郑秋冬才能在出狱之后坚持在这条职业道路上发展。

在实际的猎头生涯中，我遇到过无数的候选人，其中包括一些高层级的人士，很大一部分人谈到接下来所希望服务的行业领域之际，都表示无所谓，随便从事什么行业都可以，其实这是非常错误的。说到底，职场人士在必要时做出正确的选择，也是一种必备的能力。知道自己是谁，要向哪里去，需要对自己有清晰的认知。特别在当前社会变革及行业界限被迅速打破的人工智能时代到来之际，人才迭代的速度会越来越快，你若失去职业方向，面临的结果就是被职场迅速淘汰。

第二，重视职业诚信。

作为职场人士，要逐步走向高层，除能力因素外，其中诚信是必需的。

主人公郑秋冬出狱之后，无论出于何种目的，伪造了自己的身份，通过不成熟的猎头方式得到了一个企业高层职位，看似达成了目的，实际上他在做出伪造身份，伪造经历、学历的决定之际，就已经错了。因为错误终将被戳穿，他心术不正，在遭受他人敲诈之际，只能无奈屈从，一错再错。最终，他得到了最严重的惩罚，被纳入职场黑名单，被迫离开北京。

在现实的猎头生涯中，我也遇到过许多"演员"，他们一般都有跨部门的工作经历，阅老板无数，且能说会道，善于掩饰，堪称面霸。对于这些职场上的"专业演员"，很多面试官都会上当。多年前，我帮一家文具类企业寻找生产副总岗位，因比较匆忙，我们从网络上搜寻到一个似乎符合企业条件的人选，在亲自面试之后，我推荐他到企业与总经理面谈。谈到工作，他的表达无所挑剔；谈到生活，他的孝心把总经理感动得一塌糊涂。与他交谈之后，总经理跟我说："非他不可！"但是在按程序对该候选人进行背景调查时，我们发现，该候选人在之前几个岗位的工作经历中，时间段与职位均有问题，且不止一家企业发生如此情景。在跟他之前的服务单位确认之后，我们判断他对个人资料造假了，于是我们建议客户不雇用此人。最终，客户接受了我们的建议，放弃此人，再寻找其他合适的候选人。

在帮一家拟上市的高科技公司寻找财务总监职位的猎头案例中，我物色到一个财务总监候选人。没想到，在第一次面试过程中，他就做出了一件让我们深感意外的事情，导致我跟企业负责人一起共同决定放弃他。其实，也就是一个细节。这个候选人和我约好第二天一早一起去见董事长，第二天我早早到了客户公司门口，再次给他打电话确认，他却告诉我，他已经到了董事长办公室。在董事长的提醒下，他才尴尬地给我打电话，不好意思告诉我他已经到了。可想而知，当董事长把这个细节当作诚信度来衡量之际，这个之前经历似乎还不错的候选人，只能遗憾地失去了这次很好的机会。而事后，该候选人来电询问，我也只能告知其"不合适"3个字。但在我心中，该候选人从此再也不会出现在我的推荐名单之中。总之，对于职场人士来说，诚信与忠诚是必需的，为人处事须坦诚相对，放弃虚伪，否则即使能力再强，也得不到企业的重用。

第三，职业操守。

《猎场》中，郑秋冬通过猎头包装及推荐，成功卧底法国银行，成为一个实际意义上的商业间谍。后来，他在关键时刻及时回头，向企业坦白交代自己的行为，得到了企业的谅解。无法想象，如果在国内民企发生这样的事情，后果将会如何。

在现实的企业竞争过程中，商业"无间道"可谓无所不在，我也多次听说过某企业从新员工中派遣人员进入竞争对手工厂卧底，待拿到核心配方之后离开。国内的一些猎头同行除了要帮助企业推荐人才之外，也有应企业要求，调查其竞争对手敏感商业信息的业务。作为职场人士，在应聘过程中，也会被一些企业的面试官问到原先服务企业的关键敏感信息。这时，是选择出卖信息还是对其保密，非常考验人心。每一个面试者均需要有一个自我衡量的标准和做人做事的分寸，如果你是企业核心人员或掌握了企业商业秘密，选择保密是必须的。在日常中，我也听说过，有些企业利用面试关键岗位如技术岗位之际，大量面试一些竞争对手的技术人员，其目的就是通过面试来收集同行的敏感信息，而非真正意义上的招聘。

无论社会的大环境怎么变，我们都不能丢弃负责、担当等必要的职业道德，并始终要遵循职业道德规范来处事待人。社会在不断地前进，变迁是大势所趋，是必然的，但是，社会的主流价值观和意识是不会从根本上被颠覆的。

所以，做事兢兢业业，善始善终，有责任敢担当，绝对是职场人的一种可贵素养和做人的基本品质。可以这样说，一个人的职场口碑是逐步建立起来的，真正优秀的人才是不缺乏好机会的。只有尽快让自己变得优秀起来，机会才能来找你。真正的职业经理人一定是猎头长期跟踪服务的，而作为职场人士，在接到猎头电话之后，个人建议可以问一个问题："企业为什么要招聘这个岗位，需要去解决什么样的问题？"在向猎头提供个人资料的时候一定要非常谨慎，作为真正优秀的职场人士需要具备选择与判断的能力。

作为职场人士，在职业生涯发展过程中，要持续不断提升自己，打开自己的心胸与思维，懂得聚焦与适当地放弃一些所谓的诱惑。任何成功的背后，都会有不为人知的困苦与艰辛。对于企业来说，猎头的真正核心价值不仅仅在于人才甄选。国内企业，在与猎头开展合作后，最关注最后的结果；国外企业，在与猎头开展合作后，更关注服务及咨询的过程。因为真正高质量的猎头，给客户创造的价值不仅仅是找人，而是在招募的过程中，给企业管理、流程的改善，甚至是行业格局的改变，都带来更有内涵的价值。好的猎头应该是行业专家，甚至比客户更加懂行业。

看完《猎场》，你是否对猎头很感兴趣呢？对于很多人而言，猎头行业是完全陌生的。没关系，如果你也很擅长人力资源，或者你原本就是人力资源管理者，而有兴趣成为专业猎头，那么你在跨界换行的时候就会多一种选择。反之，如果你已经是猎头，那么是否可以从我上述的分析中得到一点点的启迪呢？没有谁能称得上是最优秀，不管在职场上从事什么行业，坚守什么岗位，我们最重要的就是要做好自己，做到最好。只要坚持，不管是成为一个优秀的职场人，还是成为一个优秀的猎头，你都能行！

● 离职见教养：请你云淡风清地离职

人在职场，谁还没经历过几次离职呢？回想起离职的经历，你是感到很欣慰，嘴角不自觉地浮现出微笑，还是感到很懊丧，深深地以为自己还可以转身得更漂亮呢？离职，可不仅仅是离开本职岗位那么简单，与公司结算薪酬、与后来者交接工作等一系列的过程，可以说从来不像电视剧上所演绎的那样抱起一个箱子就可以走人那么轻松。因为离职牵扯到钱财，而钱财又是最能触碰人格底线的，所以离职时的众生百态，真的能够表现出深层次的人性。有人说，一个人的教养，体现在许多方面，也体现在离职的过程中。

每年春节前后，都是人才流动性最大的时候。因而，作为一名职业猎头，也作为企业管理的服务者，每逢春节前后，我就会收到各类离职消息。俗话说，"旧的不去，新的不来"。原本，因为各种原因而选择离开上一家公司，开始新的工作，是一件好事情。遗憾的是，很多人在离职的过程中，与公司闹得很僵，甚至双方提起仲裁。原本，在没有离职之前，双方还是工作中的"家人"，彼此亲密无间，携手并肩，解决很多难题。但是随着离职心生起，彼此之间的关系被冰冻起来，因为一言不合还可能直接变成"仇敌"。在职场上，这种事情屡见不鲜。

其实，不管你在工作中是否开心，在离职的时候，即使不想对同事和领导说一些感谢的话，也没必要过河拆桥，再给曾经朝夕相处的同事放一个"大招"，从此成为冤家。好聚好散可不是夫妻离异的专属原则，而是可以用于很多人际关系的离散。当然，离职的情况也是不同的，接下来就让我们看看在各种情况下，如何提出离职，如何好聚好散。

第一种情况：高层如何面对离职。

在一家公司里，作为一名职员，虽然越是做到高层越是相对稳定，但是这并不意味着作为公司高层就不会面临离职的窘境。曾经有一位公司高层离职后，抱怨老板不诚信、公司管理有大问题、公司待他不公，等等。我问他："在此过程中，公司问题暂且不谈，你自身有什么问题呢？"他一下子陷入沉默，一言不发。

作为公司高层，一定要树立个人在行业内的口碑，离开时，坦诚跟公司进行交流。其实，不管是人与人之间，还是人与企业之间，没什么是不能沟通的。如果觉得公司所给的待遇不到位或对公司的其他方面不满足，应该首先从自己身上找原因。遇到事情先自省，这是一种能力。离开无非是一种结果，但过程中的所有，当事人应该需要清楚。古人云"人贵有自知之明"，是因为只有自知，才有能力。作为公司曾经的高层管理者，面对自己昔日的上司和现在的下属，一定要表现出胸怀和气度。

第二种情况：非正常原因离职。

非正常原因离职无外乎有两种：一种是认为公司没给足够的薪水；另一种就是当事人受到了委屈。

第一种原因很常见，无论是公司效益不好，还是内部工作评价机制或绩效考核体系出了问题，导致公司无法兑现当初的待遇，都会让员工心生不满。当然，也不排除有些员工本身这山望着那山高，认为公司亏待自己，所以愤愤然离职。在大多数情况下，离职者都会高估自己，把所有的过错都归咎于公司。

第二种原因是，离职者受到公司各种负能量的影响，导致心态消极，和同事相处得也很不愉快。职场中有一种现象应该引起我们的重视，即每天在公司中散布负面消息直说要走的人一直都在，而受到影响者却离职而去。不得不说，职业生涯关系到我们一生的发展，不管因为什么原因轻易离职，都是对个人生涯发展不明确的表现，也是对自己不负责任的表现。

如果觉得公司给的薪水不够，我们可以"货比三家"，重新选择合适的单位；如果觉得受到了委屈，我们也可以委婉告辞，重头再来。不管是选择留下，还是选择离开，与公司闹得反目成仇都不是好主意，因为离开了这家公司，接下来我们还要寻找新的公司继续合作。在行业内树立良好的个人口碑，是我们即使在离职时为了利益与公司相争，也应该坚持做到的。

第三种情况：离职是最好的"遇鉴"。

离职的原因尽管很多，无论哪种原因，倘若真的决定离开了，不妨跟公司领导及HR心平气和地好好沟通。这样一来，即便离开了，大家的情分还在，以后办理各种事情都会很方便。如今，很多公司在新人报到之前会进行背景调查，如果能够得到老单位的肯定和同事们的好评，可想而知，新单位也会对你留下好印象。离职，绝不是一种撕裂，因为任何一段职场经历都是我们的人生履历，都会被嵌入我们生命的历程中，成为我们生命中永不褪色的过往。

所以我们一定要慎重对待离职，而切勿因为要离开了就肆无忌惮，恶言恶语。给他人留下台阶，也就是给自己留下退路，要记住：多个朋友多条路，多个敌人多堵墙。

离职，或许是解脱，其实更是考验。离开了一个站点，大多数人还会开启新的"旅程"，去往下一个地方。改变的是环境，不变的是资历和资源。不要因一时的意气用事，毁坏了昔日的好印象，也不要因一时的愤愤不平，割断了自己拥有的人脉与口碑。

人的工作经历本身就是不同的"遇鉴"，时间不仅在我们的脸上刻下了沧桑，还在我们走来的路上埋下了各式各样的"品鉴"。一份工作，纵然它有千般错万般不好，但这何尝不是你自己当初选择的结果。

每一份工作都是新的成长的开始。也许，在通往下一段成长的路上，我们能做的便是，轻轻地弹一弹身上的尘土，微笑着向昔日的过往轻声告别。向前看，多好！这个世界很大，也很小，生涯的交际线，总会有相逢之际。我想，比起前东家对你的抱怨，我们一定还是喜欢他人提起我们时竖起的拇指和赞美的语气。所以，即便是离职，无论何种情况，我们也要潇洒地转身，从容地离开。

见微知著：我十年猎头生涯中所见的那些个性老板

在十年的猎头生涯中，我见过不少的老板，其中绝大多数是宁波本地民企的老板，他们的企业在国内有一定的知名度，有些甚至是行业中的领军企业，也有一些是细分行业领域中的隐形冠军，从他们的身上我也学到了很多，特选取几位有特点的与大家分享。

1. 最感性的老板。

某家厨具行业的知名企业老板，据说是学艺术的，他的企业厂房高端大气上档次，我曾有幸为他推荐过几个高层。给我留下深刻印象的是他所见的每个候选人的时间均不会超过半个小时，最快的一个人力资源总监面试时间就是候选人刚坐下还没说话，他就说"你在某某企业、某某知名企业工作过，这些企业均是我的企业需学习的，所以既然有上述企业背景，那到我们企业来也没问题"。于是接下来直接进入谈薪资阶段。他的面试就是这么感性，完全凭个人的感觉。也许他见过了很多所谓的职业经理人，但是我真的有点为他感到担心，而他的企业也如我所预料，职业经理人进进出出，流动非常频繁，最终留下了的还是一些"老臣"，但这家企业也还是一如既往地良性发展。

2. 最善良的老板。

某安防领域的企业老板，给我的感觉就是一个非常善良的老板，对人才也非常渴求。在朋友介绍我与他见面时，我们先在他企业附近的一家咖啡馆谈了3个多小时，从企业现状、人才需求、人才定位等，事无巨细地做了详细了解，他希望我尽快帮他找到一些高级人才，人才的需求涵盖了从常务副总到集团财务总监、质量总监、子公司总经理、人力资源经理等高层岗位的需求，并希望能尽快到位。听到这些岗位需求，我顿时无语，心里纳闷：核心岗位缺口这么大，他的企业现在是怎么运行的？后来，我先帮他解决了常务副总和人力资源经理两个职位，因为我认为，相比其他岗位，企业要变革，这两个岗位的人员要最先到位。后来，在一年之内陆续到位了其他5个高层岗位人员，而这些人才到企业之后，也发挥了应有的作用，让老板从繁忙的事务性工作中得以脱离，第二年该企业的经济效益是上年的两倍，职业经理人功不可没。

但该老板在平衡个人跟职业经理的权力及定位上，还是会不由自主地按照之前惯例及个人价值观处理。比如有一个车间的普通员工，因为严重违纪而被所在分公司开除，且文件也已下发，但该员工直接找到老板投诉，希望再给一个机会，于是老板一个电话打给分公司总经理，直接改变了公司决策，让下属左右为难。而在这家公司，一直发生这种老板干涉下属的事情，直接导致了公司高层无法正常工作，因此也导致了人员的频繁流动。

3. 最理性的老板。

这位老板在职业经理人确定了合作意向，但又因为某些因素而改变意向与其他企业合作的情况下，连夜追到其宿舍进行挽留，在等待了近3个月之后，最终将这位人才等来，这展现了这位老板很好的心胸。他认为，职业经理人到企业后，老板应该主动提供后勤保障服务，无条件支持职业经理人的变革。但职业经理人也需要明确，有一些决策权是老板的，职业经理人不是老板，到企业后主要的作用是负责企业的日常运行和体系的持续改善。老板和职业经理人两者需要紧密地配合，其中的信任和默契不可缺乏。这位老板明确知道自己到底需要何种类型的职业经理人，他对自己企业的定位也是做强不做大，做行业的细分领域内的隐形冠军。

4. 最务实的老板。

我在帮某家新成立的工贸一体化的公司寻找常务副总经理时，曾遇到一位老板，他非常务实。在我安排候选人跟他第一次面谈后，他又跟候选人进行了多次交流，据候选人后来反映，在正式确定合作意向前，这位老板和他前后谈了不下10次（相信这对双方的耐心来说是一次不小的考验），且每次会谈基本不会在晚上10点前结束，这样彼此双方都有了更深入的了解。

他们在合作前甚至已经拟定了前3个月和3年的基本工作规划。及至入职，在前3个月时间内他们两人连续拜访了近100家同行工厂（贸易公司出口是从工厂来采购，需要工厂支持），两人在个性上和专业上互相匹配，获得了客户的信任和资源支持。甚至在双方签订劳动合同的过程中，这位老板也与我协商，并最终决定给职业经理人设定一个激励目标和股权分配机制，并写入了劳动合同之中，确保双方的利益及公司的长远发展。这是我见过的一个最认真和务实的老板。

5. 对人才最有诚意的老板。

大家也许听说过，有一些老板去挖人的时候，特别是遇到技术研发人才和核心高层时，会需要支付一笔保证金的情况。这就像体育明星转会时，为确保在发生变故的情况下，给人才预支的一笔保证金或叫签字费。而我也遇到过这样的一个真实案例。

我们曾帮助一家企业去同行挖一个核心技术研发人才，该人才大学毕业之后就在目前执业的公司搞研发工作，至今已近10年，他熟悉产品的工艺及技术，并且跟上下游的供应商及客户的关系也非常好。为了得到该人才，我的客户连夜驱车几个小时到达候选人所在地,在初步确定合作意向后,在人才办理正式离职手续之前,为表明企业合作意向,及考虑到该人才因离职而产生的损失,我的客户主动提出给予该人才 100 万元的补偿金,而我也帮助客户与人才之间,签订了一个关于补偿金跟服务期挂钩的协议,确定按照每年 20% 的比例来分摊给人才的保证金(就是说人才万一在一年内离职,需要返回给企业总额 80% 的保证金,以此类推)。而后来我也听说,因为企业一年半之后决定放弃该新项目而导致人才离职,但老板也没向该人才要回本该人才归还的 60% 的保证金,这是我的猎头生涯中所见到的最大气和对人才最有诚意的老板之一。

6. 最有企业家精神的老板。

一位好朋友告诉我,他通过半年的考察,最终选择去本地一家知名的婴童用品企业集团担任国内销售总监。这位朋友之前曾在国内一家最知名的家电集团担任市场总监,因为孩子到了上学的年龄,所以选择回宁波发展。他去过多家知名家电民企及综合性集团,最后一个岗位是一家上市的知名婴童用品集团的国内销售公司总经理。他是一个非常谨慎的人。

好友向他的新老板推荐了我,并对我说,这位老板的商业价值观是希望能将心比心,长期合作,而非短暂的合作,他非常渴望能引进一些高层次的经营管理人才。

和这位老板初次见面是在国庆节期间,我们谈得非常愉快。我给这位老板的建议是,一般的企业,不要去用那些看起来履历非常漂亮的职业经理人,因为企业自身的体系建设及平台搭建还不完善,无力承载这些"漂亮的花朵",

最后的结果无非是期望越大，失望也越大。我给出的建议是希望他能用一些看起来不是最完美，但一定要在某一个专业领域比较擅长，看起来不是最强，但一定有发展潜力的人才。并结合企业下一步的发展战略，给予其至少3年的个人中期职业发展规划，并配套提供相应的待遇晋升机制，最后通过彼此努力，使人才达成蜕变，最终达到双赢。

而让我敬佩的是，这位企业家除了对人才引进本身表现出渴望，及面对人才时的谦卑之外，他还有非常独特的对于人才的内观能力。我给他推荐过一个财务高层，其来自广东外企，6年前来到宁波，分别在两家大型民营集团工作3年，其人貌不惊人，不修边幅。但这位企业家却没有以貌取人，而是看中了其内在及经历，果断地给予其工作邀请。

这位老板确实很惜才，也非常有自信，他深信自己及自己的企业平台，相信自己的良好企业文化与企业价值观，能够让人才在此发挥能力的同时，也能让其在外在气质上有一个彻底的改变。企业给予人才的不仅仅是一份简单的工作，更应该是一份共同的事业。

我深信这位老板的事业将会越来越成功，而且他也是一位让我心怀感激的企业家，因为通过与他的合作和多次沟通，我觉得自己也在被他改变，这让我打心底里对他敬佩不已。

● 初心不改，真爱永存：归雁入胡天之入平川一周年记录

爱是一种能量，在人世间转化，最终以能量守恒的方式延续；爱也是一种能力，需要不断地练习，才能让我们的心始终保持柔软，始终都充满希望。在去平川一年之后，我们时常想起那次公益之旅，其实我们不仅仅是在以微薄之力帮助他人，更是在"泗渡"自己。

一天早晨，我早早地起床，把儿子送到了报社，他将要和老师、同学们一起出发去舟山，参加小海军夏令营。安排好儿子，我开车回家，拿起预先收拾好的旅行箱，开启了我的假期之旅。因为对前一个阶段的工作很满意，我决定去新加坡旅游，犒劳自己，让紧张的生活节奏得以放松。

在去上海浦东机场的顺风车上，我突然想到一件事情：距全家去甘肃平川山区与当地的孩子做对接，已经过去1年了，不知道我们资助的孩子怎样了。他们之中，有的孩子应该高中毕业了。想到这里，我马上拿起手机，给我们结对孩子的父亲及孩子本人都发了微信。与此同时，我也联系了活动对接人、平川慈善总会的李玉虹老师。

从孩子父亲回复的信息中得知，我们结对的孩子今年上半年在骑车上学途中遇到车祸，双手受伤，不过幸运的是现在已经恢复，也并未留下后遗症。孩子也给我回复了积极乐观的信息，我开心地和他做了一个约定：如果这学期

成绩能达到班级前五名，我将邀请他来宁波玩，还建议他未来可以到宁波读大学、工作，毕竟宁波的机会更多。最重要的是，不管是我，还是我身边的很多朋友，都有相应的资源来帮助孩子们达成就业，从而助力他们从根本上改变自身及家庭的困境。

在与李玉虹老师的交流中，我得知因为区域经济发展水平较低，当地山区还有很多家庭非常贫困，但是这些家庭的孩子都品学兼优，而且已经开始读高中。为了避免孩子过早辍学，不能接受完整的高中教育，李玉虹老师希望我能为孩子们组织助学募捐，只要为每个孩子筹集到2000元钱，就可以帮助他们维持1年的学习费用。和去年的情况一样，只不过去年是由魏玉祺先生组织的，今年，只要我愿意做这件事情，我将会是发起者和组织者。这个消息来得很突然，但是我还是在思考片刻之后做出了决定，我想通过"遇鉴"社群，组织12个人资助12个孩子。

非常幸运，也许是由于"物以类聚，人以群分"的原因，我身边从不缺乏爱心满满的人士，我只用了一天的时间，就迅速组织了包括我在内的12位爱心人士，达成了资助的意向。之后，这些爱心人士也都很热情地推荐他们身边同样有爱心的朋友，加入了我们资助的社群。群内的每个人都对接了一个平川的孩子，人数从10余人，逐步增加到了20多人。这让我感到很开心，这是一件多么有意义的事情啊！

想到这些，我变得"贪心"，我想继续寻找新的爱心人士，资助更多的孩子。因此，我在朋友圈及"遇鉴"社群发出了资助孩子的征询信息。很快，又有很多朋友联系我。其实，我的心情是忐忑的，我怕自己能力有限，搅扰了身边的小伙伴，但是我的心又蠢蠢欲动，真的非常迫切地想要做成这件事情。就这样，带着复杂的心情，我继续在自己的圈子内扩散资助平川孩子的信息，渐渐地，不但有熟悉的朋友加入我们，还有陌生的朋友得到消息后，也主动申请加入。我幸运地超额完成了资助的目标，赶在飞机起飞之前，成功地组团捐助了平川孩子的上学经费。虽然我此次航班的目的地是尚未谋面的新加坡，但我的心似乎又飞到了我国西北的平川山区。

我急切盼望着有机会再去平川。幸运的是，我们去年的活动组织者魏玉祺先生传来消息，说他将在下半年组织一次大型的公益对接活动，也许年底或明年初，参与对接活动的群友又可以带上孩子们去西北看望他们的小伙伴了。参与这样的公益活动所获得的成就感和满足感，和我在工作上辛苦打拼获得的成就感和满足感是完全不同的，参与公益活动让我觉得自己的内心更加柔软和充盈，也让我感恩生命中一切的遇见，也觉得自己的生命有了更为充实和厚重的意义。

不要觉得做公益是名人的权利，也不要觉得没有很多钱就不能做公益。所谓公益，是要有着一颗向善的心，是要能够坚持付出自己点点滴滴的努力，帮助身边的人，帮助陌生的人。不管是否事业有成，不管是否腰缠万贯，我们都要对人类怀着大爱。在自己的生活轨道上奔跑前进时，时不时地也可以看看他人是否落后，必要时，力所能及地拉他人一把，这并不需要我们付出所有的力气，却能够让他们得到帮助，甚至以这样的微薄之力影响他人未来的命运，何乐而不为呢？需要靠着一颗心，需要满怀一份情，才能在公益的道路上越走越远，也才能获得更大的充实和满足。

爱的跨越：贵州公益亲子旅行感触

"在遥远的天边，有座美丽的高山；一眼甘甜的清泉，蜿蜒流过我家门前。我曾站在高山之巅，去遥望那蓝天……"8天，我们行进了5000多公里，进行了贵州苗寨及侗族实地扶贫和体验之旅。在旅行的过程中，我们全家都深有感触，尤其是贵州本地的很多民俗风情，如拦门酒、芦笙舞、祝酒歌、斗鸡大餐、侗族大歌、贵州蜡染、住家体验等，更是颠覆了我们对贵州的认知。

虽然8天的贵州公益之旅已经结束，但是每当我想起这其中的很多事情时，还历历在目。

半年前，我就听湄妈说起过，她的公司跟某基金公司合作，有一个少数民族区域的公益扶贫体验之旅项目。当时，我很犹豫，但是就在上个月底，我在社群中看到有一户原来报名的家庭临时退出，我又恰恰刚刚完成了一个很好的项目，带着奖励自己兼做公益的心态，选择了全家报名参加此次贵州行的活动。

对于孩子来说，暑假出游，可以不用做暑假作业，简直太高兴了。同时，这也是我和太太自从结婚之后第一次全家总动员，进行超过一周的远行。这是因为我太太是医生，平时工作很忙，忙得结婚时都没有和我度蜜月。马上就要进行为期8天的贵州之旅，尽管我很开心，但也有些担心，毕竟贵州是偏远山区，我不知道太太和孩子能否适应。

出发当天，经过 2 个小时的飞行，又从机场转乘大巴，经过了 3 个小时的颠簸，我们终于到达了第一个目的地——民族学校的王老师在山区的家。王老师早早地准备了一桌地道的苗家菜，看起来非常丰盛，而且极富民族特色。但是，明显地可以感觉到，包括我在内的很多小伙伴都有点不适应当地的菜肴，只是出于礼貌，也不想辜负了王老师和家人的盛情款待，所以才勉为其难地坐下来，对着一桌子从未见过的菜肴。

让我们惊喜的是，苗族特色的芦笙吹奏和原生态的祝酒歌特别有意思，尤其是互动性很强的板凳舞亮相之后，就连平时木讷的我也情不自禁地同苗族大妈一起舞了起来。其实板凳舞一点也不难学，我一直调侃自己不会跳舞，却在苗族大妈的指导下，迅速地学会了板凳舞。板凳舞充满激情，又因为喝了酒，在酒精的作用下，我彻底放飞自我，不顾同行者的目光，一顿狂舞。

联欢结束后，我们尽兴而归，去了第一夜的据点。住宿的地方是当地一个正在建设中的游客集散地，条件比预想的要稍微好一点。在这周围，还有很多配套的农家乐都在建设中，都是当地特色的纯山木结构。遗憾的是，卫生间是共用的，使用起来很不方便。但是，小伙伴们没有丝毫的抱怨，很快就按照团队工作人员的指引，各自入住了分配的房间。

启元投资和松禾关爱基金的小伙伴们把行程安排得非常紧凑，同时也考虑到有孩子参与的情况，给了大家很多直接体验当地民情的机会。我特别感谢他们的精心安排。在接下来的 6 天中，我们体验了当地的斗鸡大餐，参观及入住苗寨与侗寨，参观蜡染中心，并在老师的指导下，亲手制作了蜡染手工制品。我们还参观了石桥古法造纸作坊，亲手体验了做花卉工艺纸的流程。特别是最后几天，我们住进了当地山寨的农家，包括我在内的小伙伴们都得到了从未有过的体验。

　　对于我而言，这8天既是我们全家出游最久的一次，也是最有意义的一次。在这8天的旅程中，我们参与了一次面对面的图书捐赠活动，还进行了简单的捐款活动，体验了前所未有的生活状态，看到了大山里的人们原生态的生存现状，产生了很多的感想。

　　在到贵州之前，我们误以为贵州非常闭塞落后，而实际上当地人的生活状态比我们预想的要好很多，而且已经走在现代化的路上。在当地，无线网络、4G手机及微信已经普及，连当地的大妈都人手一机，并且能够熟练地使用微信进行沟通；当地的小朋友们也都落落大方，并不像没见过世面的孩子一样躲在大人身后，而是很自然地与我们沟通，他们非常纯朴和天真，而并不过分羞涩；当地居民的家中也有卫星电视及各类家电，虽然在我们看来这些家电都比较简单，功能也不够强大，但却非常实用；当地居民对于我们的出现并没有大惊小怪，他们非常热情友善。我认识到，世界在变，我们首先应该改变自己。

　　可能是因为正值暑假，也可能是因为活动的安排还不够到位，在捐赠环节，到达现场的孩子并不多。虽然孩子们很喜欢我们带去的图书，但是对于我们安排的一些互动活动，比如打高尔夫球，他们并不感兴趣，反倒宁愿去打篮球。我太太直接去访问了老师的办公室，也看了他们一年级的教材，发现这里的教材跟城市里的孩子使用的教材一模一样，而且课程计划也相差无几。最让我们惊讶的是，教室里也配置有网络的投影仪，可笑的是，我们为了播放电影，还千里迢迢地带去了投影仪。看来我们在来到这里之前掌握的信息很不够，否则一定会做得更好。为了帮助孩子们普及卫生保健的常识，我太太还精心准备了相关的课程，却因为时间原因而没有被排上日程，这使她感到很遗憾。她能感受到，当地孩子其实很需要这些卫生与保健的知识。

帮助别人，要讲究方法，授之以鱼不如授之以渔。当地百姓最需要改变的其实是观念，他们还固守着多年积累的思维及生活习惯，例如卫生间设置在楼梯下，位置很不合理。对于这些，我们到底能在接下来的时间里帮他们做些什么？又要采取什么样的方式来操作？这是需要我们后续去考虑和完善的问题。我在盖赖和村长、村支书一起喝着当地据说是用120多种中草药秘制的米酒时，听他们说起了村民守旧的观念及当地经济发展的实际情况：种植和养殖都没有形成规模；没有实体经济；旅游业因为经济投入太大，也因为路途遥远，短时间内很难发展起来；虽然政府主动出资解决当地的污水处理设施，村民们却不愿意配合；当地的很多孩子都是留守儿童，比起书籍，他们更需要心灵的关怀，也更需要更多的教师志愿者，来传授给他们课本之外的信息……总之，现状不能令人满意，需要改善的方方面面还有很多，任重而道远。

带着孩子们在贵州进行短暂的体验之后，是在回归城市之后就恢复原状，还是制定一个规划性的目标，坚持带他们去体验不同民族的生活状态呢？于我来说，我希望在接下来有更多的机会，让他们自行来规划行程，通过不断的体验，来培育他们的爱心及远见。

初心不改，唯爱能永存。爱是生命的根本，孩子唯有心中充满爱，才能在未来更好地成长。一个心中没有爱的孩子，即使有再多的天赋，有再多的才华，也很难发展得长远。看起来，公益亲子旅行和职场之间并没有必然的联系，实际上，爱是孩子心底的种子，是人在漫长一生中最强有力的支撑。唯有爱,才能始终在我们的心间成长,也唯有爱,才能在我们的生命中绽放光彩!哪怕是在竞争激烈的职场上,爱也是不可或缺的,也是必不可少的。

我们不能把职场与生命割裂开来看,更不能把爱与生命分家。心中有爱,才能博大宽容;心中有爱,人生才能精彩无限!

后记

世界瞬息万变，职场风起云涌，随着人才的涌入，职场上的竞争越来越激烈，但是很多企业却面临着找不到人才的困境，很多人才也总是抱怨没有合适的平台，这样的错过多么尴尬和无奈啊！"遇鉴"和"海平释才"的诞生，正是基于此：在人才和企业之间，搭建一个桥梁，让人才和企业都能找到自己心仪的对象，满足自己的用人和求职需求。

随着时代的发展，职业生涯的概念也在不断演化着，不管是心无所定，还是墨守成规，都是不可取的做法。不管是企业还是个人，都要求新求变，越是处境艰难，越是要勇敢打破固有的陈旧思维，这样才能谋求生路。

如今的很多年轻人，之所以在职业发展道路上很迷惘、很困惑，而且虽然兢兢业业地工作，却始终没有好的突破，更没有获得成就，这是为什么呢？究其原因，就是因为他们总是在犹豫彷徨，既没有明确职业生涯的发展目标，也没有确定职业生涯的发展方向，而且对于职业发展过程中遇到的很多难题，更是因为未曾思考过，所以经常是一筹莫展，手足无措。与此同时，他们非常羡慕那些职场精英，看到精英们在职场上叱咤风云，翻手为云覆手为雨，他们不由得纳闷：为何别人就能成为精英，而我却不能呢？

所有的成功者都有一个明显的特征，那就是很清楚地知道自己想要什么，而且能够始终朝着自己想要实现的目标努力，哪怕经历坎坷和挫折，他们也从不放弃。你知道自己想要什么吗？你工作是为了赚钱，还是为了养家糊口，或者只是为了每天有事情可干？你能把所有的心力都投入其中吗？你在遭遇不公或者受到委屈的时候，能够说服自己继续努力去做得更好吗？

所谓的职场精英，都是带着明确的目标，在正确的时间做正确的事情，通过日久天长的积累才渐渐成长起来的。没有谁天生就是精英，在职业发展的过程中，要进行3个定位，才能距离成为精英的目标越来越近：岗位定位、管理定位和行业定位。只有尽早落实这3个定位，我们的职业生涯发展才能顺利。当然，进行这3个定位之前，我们首先需要弄清楚一些简单的问题：我们适合做什么？我们应该做什么？我们能坚持做什么？每个人先天的能力是不同的，有的人适合埋头苦干搞技术，有的人似乎天生就为销售而生，有的人最擅长运营，能把简单的事情做得一点儿都不简单，还有的人适合传道授业当讲师。不同的人都要找到自己最擅长的领域，才能借助先天的优势和后天的努力，打造属于自己的事业，完成属于自己的梦想。

找到正确的方向，朝着未来的目标努力，事半功倍；没有方向，茫无头绪地去闯荡，事倍功半。人们常说"磨刀不误砍柴工"，就是这个道理。很多事情的道理都是共通的，有的时候，多思考，想好了再去做，比误打误撞的效果好得多。职业发展，还要端正心态，切勿急功近利。有很多年轻人初入职场就想找到一份高薪的工作，还要很清闲，保证双休，不能加班，最好是其他福利待遇也很好。请问，你凭什么要求得到这样的待遇？多少老板级别的人物还在拼命，别说双休了，就连单休都没有，你为什么要求双休呢？年轻人正处在职业积累的阶段，不吃苦，不奋斗，还要青春做什么呢？归根结底，我们不可能不劳而获，也不可能一蹴而就获得成功，唯有静下心来，戒掉浮躁，戒掉好高骛远，才能踏踏实实地走向成功。

当然，职场上，并非只有年轻人会有困惑。很多中高层管理人员，因为职业发展遭遇瓶颈，或者因为出现了"35岁现象"，也会面临很多困境。他们所要寻求的可能是转型，也可能是跨界，甚至在考虑是否需要辞掉工作，开始创业。和一无所有想怎么折腾就怎么折腾的年轻人相比，人到中年的职场人要考虑到更多方面，也会在做出选择的时候更加犹豫和纠结。每个人都有每个人的情况，谁也不可能完全想得开放得下，两利相权取其重，两害相权取其轻，只有寻找到自己内心的平衡点，我们才能理性从容地做出选择。

世界发展的速度越来越快，堪称瞬息万变，职场也受到了很大的冲击，职业革命近在眼前。随着网络的普及，很多普通人也可以打造个人品牌，这为无数梦想着创业的人提供了更多的机会，也提供了更好的契机。随着观念的更新，随着新的合作模式的形成，雇主与雇员之间的忠诚关系越来越弱。工作的形式不再仅仅局限于朝九晚五，而是也可以远程办公。这些变化，给我们带来了更为灵活的就业机会，也带来了更为便捷的就业方式。每个人，不管是普通的职员，还是公司的老板，不管是尚未毕业的大学生，还是已经混迹职场多年的职场老员工，都应该为了应对职业革命做好准备。

职业生涯的发展不再是一段段毫不相干的经历，而应该是一段段首尾相连的人生历程，只有将其看作一个整体，也只有将其有机地连贯起来，我们才能让力量继续，也才能经得起职业革命的考验。从现在开始，再也不要懵懵懂懂地度日，而是要静下心来，真正用心地想一想：5年后，我在干什么？5年后，我想干什么？只有把这些相关的问题想得更清楚，我们才能知道眼下应该怎么做。如果无论如何也想不明白，就可以寻求专业人士的帮助。有的时候,听君一席话,胜读十年书。在得到专业人士的建议后,心中的迷雾就会被拨开,所谓"旁观者清,当局者迷",更何况旁观者还是火眼金睛的专业人士呢!

我们不管是进行职业生涯定位,还是进行职业生涯发展规划,目的并不仅仅只是获得一份好工作,让我们赚取更多的薪水。实际上,生活和工作是分不开的,工作只是生活的一种手段,生活才是工作最本质的目的。所以我们不仅要找到热爱的工作,而且要建立热爱的生活。唯有热爱,才是我们心底的希望之光,才能始终在我们心中燃起熊熊的火焰!说到这里,也许有人会问,职业生涯到底是为了获得快乐,还是为了获得成功?这个问题很好,因为成功与快乐并非形影不离的孪生兄弟,虽然很多人都把成功和快乐混为一谈,那只是因为他们还没有得到单纯的成功,甚至说他们还没有真正获得成功。等到真尝到成功的滋味,他们就会意识到成功与快乐之间并没有必然的联系。还要再说回问题的本质,职业生涯的目的是建立热爱的生活,当我们对生活怀着热爱,当然也就会全力投入其中,更会从中感受到快乐、幸福与满足!